音楽でメシが食えるか？

富澤一誠の根源的「音楽マーケティング論」

●富澤一誠＋辻堂真理

言視舎

まえがき

就職をひかえた学生時代の話です。昨日まで髪を肩まで伸ばしていた音楽仲間が、突然髪を切って七・三に分けて紺色のリクルート・スーツを着こんで来たとき、私はびっくりして「どうしたんだ、お前？」と言って絶句。すると「とにかく就職しなければ……」。そう言って友人は照れ笑いを浮かべましたが、と同時に「やばいな」と私は思いました。音楽評論家としてスタートを切ってまだ1年足らずの私は、文章を書くだけでは食えませんでした。親から仕送りはあったものの、それも卒業を機になくなってしまう。好きなことはやりたいが食えなくなったらどうしよう。このときほど決心が揺らいだことはありません。「音楽でメシが食えるか？」ということが現実となってせまってきたからです。

でも、私は改めて思いました。音楽評論家になるということは私の〈夢〉です。その夢を実現するためにはどんな〈リスク〉も背負おうと……。もちろん感性を磨く努力、文書テクニックを磨く努力は言うまでもありませんが、自分の夢を実現するためにはどんなことをしてでも食おうと誓ったのです。好きなことをして食べる。これは理想です。理想だからこそ現実的には難しいと言われますが、そんなことはないと私は思う。要は自分の意志と腹の据え方です。夢が決まって、夢を実現したいと思ったら、そのための努力という〈リスク〉を背負える度胸があるかどうかです。夢を実現するということは何かを切り捨てることです。遊びたいとか楽をしたいとか……。まずはそんな欲望を捨ててまで努力できるかどうか？　もしも「できる」と言うのであれば私は言いたい。

「自分の人生なんだから、自分の好きなようにやりなさい」と。

この言葉は、東大を辞めて音楽評論家になる、と初めて父親に打ち明けたとき、オヤジがはやる気持ちの私を制して言ったことです。

「お前が自分で決めた以上、お前の人生なんだから一生懸命やればいい。ただひとつだけ言っておきたいことは、何をやっても一流になるには15年はかかるということ。そのことを肝に銘じてお前が頑張るというのなら、もう何も言わない。自分の人生なんだから、自分の好きなようにやりなさい」

以来、「自分の人生なんだから、自分の好きなようにやりなさい」は私の座右の銘となっている。そして、早くも〝あの日〟から49年という年月が経とうとしています。

今、50周年を迎えるにあたって、私は、この目で見、この耳で聴き、この心で感じたことを正直に述べておきたいと思います。そのために、あえて「書く」ことよりも「語る」という手法を取ることにしました。これまで書き過ぎたということもありますが、書く、とどうしてもカッコつけてしまう。自分に対するそんな「甘え」を断ち切るために、私が書きたくないこと、言いたくないことまで正直に吐き出すために、きびしい〝聴き手〟を立てようと思いました。そこまで言わせるのか？　そう感じて初めて本当の本音が表現できるのです。そのために、〝聴き手〟として辻堂真理さんにお願いしました。ふたりで何十時間話し合ったでしょうか？

「音楽でメシが食えるか？」という「問い」に対する、私の49年間のキャリアが現在の「音楽危機」を乗り超える「答え」のひとつになることを願いながらチャレンジしていくつもりです。

冨澤一誠

目次

第1章

音楽危機のリアル

ＣＤが売れない、といわれて久しい。あちこちで「音楽不況」という言葉が聞かれる昨今である。

日本レコード協会の統計を見ると、日本のオーディオレコード（音楽ＣＤやビデオなど）の生産額は、一九九八年に過去最高の六〇七五億円を記録して以降ほぼ毎年減少をつづけ、二〇一九年は二二九一億円。音楽業界におけるパッケージ商品の市場規模は最盛期の四割にも満たない。

この「ＣＤが売れない」状況を、多年にわたって日本の音楽ビジネスの最前線で活躍してきた富澤一誠はどのように見ているのか？

ＣＤバブルはなぜ起きたか

メガヒットの時代といわれる一九九八年には六千億という途方もない数字を叩き出したわけですが、ぼくに言わせれば、あの数字だけが突出している。むしろあの数字が異常ということです。

では、なぜあれだけ売れたのかというと、一つは**テレビドラマとのタイアップ**がうまくいっていた時代ですよね。いわゆる「ＣＤバブル」といわれるようになる時代の先駆けとなる現象が、一九九一年にまず起こるわけです。

ドラマ（『東京ラブストーリー』）とのタイアップで小田和正の「ラブストーリーは突然に」が二五四万枚（当時）。それからCHAGE&ASKAの「SAY YES」もドラマ（『一〇一回目のプロポーズ』）とのタイアップで二五〇万枚（当時）を売り上げた。ダブルミリオンという想像を絶するメガヒット曲が、ドラマとのタイアップによって同じ年に二曲も誕生したわけです。

もちろんそれだけのヒット曲を生み出すには、仕掛け人といわれる人々のセンスも光っていた。

たとえば『東京ラブストーリー』の場合、当時フジテレビのドラマ・プロデューサーだった大多亮さんが頑張っていて、大好きだった小田和正さんに曲を書いてもらうために脚本を持って小田さんを口説きに行った。小田さんのほうも大多さんの情熱にほだされて、ということだったと思います。

ということは、いまのように取って付けたようなタイアップではなく、ドラマのプロデューサー主導で、そのドラマのイメージに合った曲とアーティストを選んでいった。一本のドラマをめぐって、局のプロデューサーとアーティストがお互いに良いものを創ろうという気概をもって真剣勝負していた。それがあったからこそ、うまくいった。

こうした先例もあって、間もなく〝ドラマの主題歌なら何でも当たる〟という風潮が音楽業界に蔓延するようになります。とにかく、出せば当たるという時代。ヒット曲を生むために巨額な制作費が動いた。いまでは考えられない話だけど、当時のレコード会社はタイアップ先のテレビ局に楽曲の出版権の最低でも半分を譲渡していた。普通はこれでいいはずだけど、テレビ局側は出版権のほかに、協賛金（番組協力金）も取ったんですよ。ダブルで取ったという話ですよね。番組協力金は大体三千万円くらいですが、レコード会社としては三千万を払っても十分に元は取れたわけです。

一九七〇年以前にはタイアップビジネスというものはなかった。作曲家の坂田晃一さんから聞いた話ですけど、もともとドラマや映画の音楽（劇伴）をやってた人が劇中の音楽も主題歌も作っていた。それで主題歌がヒットして売れたりしてくると、儲かるわけじゃないですか。そこからビジネス的なものになっていって、劇伴は劇伴、主題歌は主題歌で別に、という感じになるわけですね。

それでなぜビジネスになったのかというと、ＷＩＮ－ＷＩＮなんですよ。たとえばＣＭだとわかりやすいと思うんですが、クライアント（スポンサー）が小田和正の楽曲を使うとする。スポンサーからすると、まず小田和正はテレビには出てこないけど、ＣＭなら出てくれる。なおかつ原盤もレコード会社で作ってくれるから。出版権も普段だったら高いんだけれども、新曲に限ってCMで使う場合は著作権免除なんですよ。そうするとスポンサーにとっては、楽曲はタダで作ってくれて、しかもふつうなら使えないような人を使えるっていうメリットがある。

じゃあレコード会社側のメリットはなにかというと、あれだけテレビCMをバンバン打ってくれるということは、何億円分の宣伝費がタダになるんですよね。で、商品もCDも両方売れるから、スポンサー、レコード会社ともにWIN－WINなんです。タイアップビジネスはそういうところから始まった。

戦後間もなくの「リンゴの唄」を持ち出すまでもなく、かつては映画の主題歌から数々のヒット曲が生まれた。それがテレビの全盛時代になり、ドラマの主題歌がレコード化されてヒットするという流れは一九七〇年代からあった。

しかし、ドラマのタイアップ曲が軒並みミリオンセラーを記録し、ヒットチャートの上位を独占するという九〇年代のそれは富澤が指摘するように、たしかに異常ともいえる現象だった。

ちなみに、ドラマ主題歌の歴代CD売上ランキングのベストテンを見ると、一位の米米CL

UB「君がいるだけで」（CX『素顔のままで』）から十位の藤井フミヤ「TRUE LOVE」（CX『あすなろ白書』）まで、十曲中の実に九曲までがフジのドラマで、そのうちの五曲が「月9」の主題歌であることに驚く。しかも、これらすべての曲が二〇〇万枚を超えるダブルミリオン。

さらに、オリコンが発表したシングル（CD・レコード）の歴代売上では、「君がいるだけで」（累計売上：二八九・五万枚）が六位にランクイン。以下、七位がCHAGE&ASKA「SAY YES」（累計売上：二八二・二万枚）、八位がMr．children「Tomorrow never knows」（累計売上：二七六・六万枚）、九位が「ラブストーリーは突然に」（累計売上：二五八万枚）とつづく。つまり、これまで日本でもっとも売れたシングルCD&レコードの上位十曲のうち、四曲が「月9」の主題歌ということになる。

また、この時期には、ドラマのタイアップ曲と並んで、数々のCMソングがヒットチャートを賑わせていたことも忘れてはならない。こうした状況を考え合わせると、メガヒットの時代を牽引したのはテレビドラマとCMのタイアップ曲ということになるが、「そこにもうひとつ重要なファクターが加わる」と富澤はいう。カラオケである。

カラオケ革命と出口戦略

一九九二年にエクシングが通信カラオケ端末（ＪＯＹＳＯＵＮＤ）を発売したことで、カラオケ市場に大きな変革が起こり、**個室型のカラオケボックスの時代**がやってきます。

それまではカラオケスナックですよね。スナックですから、当然ナイト営業。ということは客はオジサン系列ですから、スナックはオジサンの歌う歌が中心。しかも当時はカラオケといえばレーザーディスクで、一枚に三十曲程度しか入らない。それもオジサンの好きな曲ばかりですから、若者は興味を示しません。

そこに通信カラオケが登場して、カラオケボックスがブームになって、十代～二十代の若者たちが行くようになった。彼らはヒット曲を他人に先んじて歌いたいので、新曲が出ればすぐにＣＤを買って練習して、それをカラオケボックスで披露するというパターンが一般化するわけです。それまでは聴くことが目的だったＣＤが、その曲を**自分で歌うためにＣＤを買うという時代**になった。

そうなると、メーカーや作り手たちの意識も大きく変わってきます。九〇年代の後半に起きた小室（哲哉）ブーム、あれはカラオケなんですよ。彼は自分の曲をカラオケで歌ってもらうにはどうしたらいいかということを考えた。これはヒットした曲をカラオケで歌ってもらうという従来の発想ではなくて、カラオケで歌えるような曲を作ってＣＤをヒットさせようという逆の発想、つまり「出口志向」なんですよ。**最初に出口――ＣＤ購入者の最終の行動パターンを想定して曲を作っていくという戦略**をとったわけですね。

たとえば「歌がうまくなくちゃ高橋真梨子の曲は歌えないけれども、朋ちゃん（華原朋美）の曲だったら私のほうが上手だよね……」とか、ＣＤを聴いた若者たちに、そんなふうに思わせるような楽曲を作る。朋ちゃんの曲はみんな声が甲高いですよね。キーが高いほうが下手でも上手に聞こえる。そこまで計算して作ったんです。だから、当時のヒット曲を聴いてもメチャクチャ歌の上手い人はいない。「これなら私にも歌える！」と感じさせるような曲がヒットの第一条件だったわけです。

弱体化するレコード会社

では**ＣＤバブルがなぜ崩壊したのか**。理由はいくつか考えられますが、なんでもタイアップ、タイアップで、タイアップをやり過ぎた。先ほども言いましたが、「ラブストーリーは突然に」の場合、小田さんはドラマの脚本とか趣旨を理解したうえで曲を書いていると思うんです。だから、小田さんのあの声が流れてきたら、自然にドラマの映像が浮かんでくる。映像と音楽がぴったりコラボレーションしていた。それが段々と、**取って付けたようなタイアップ**になっちゃったんですよ。

「曲はできてます」と。ドラマの画には合っていないけれども、タイアップ枠が空いてるから「くっつけちゃえ!」と……。それでは本来の意味のタイアップになっていないということです。相乗効果になっていないから、視聴者にもリスナーにも飽きられちゃう。

いまのドラマのほとんどは、この取って付けたようなタイアップ。新曲をリリースするときにレコード会社は「なにかタイアップはないのか?」という話でいくわけですよ。そうすると各テレビ局の音楽出版社が、「このドラマだったらこの金額、この番組だったらこの金額でどうですか?」と協力金をもとめてくる。いまだと一千万も出すレコード会社はないので、数百万の協力金で手を打つことになります。

さらにその楽曲の出版権の二分の一か、三分の一を局の出版社が持っていってしまう。その見返りとして、番組のなかで曲を流す。一クールに何回とかね。そんな感じでただやってるだけ。

近年は、ドラマとタイアップしても、なかなかヒット曲は生まれない。いかにも取って付けたようなタイアップからは映像と音楽のコラボレーションなど望むべくもない、ということだろう。現在の視聴者やリスナーも、そんな形骸化されたタイアップの仕組みなど、とっくにお見通しだろうし、もはやテレビで流せば即、曲がヒットする時代ではないのだ。

それでもなお、レコード会社はタイアップに執心する。制作資金が比較的潤沢なメジャーといわれるレコード会社ほど、その傾向は強いといえる。

実はこれが大きな問題なんですよ。CDが売れないとボヤいているけれども、いちばん大きな原因はレコード会社にある。九〇年代は制作協力金を三千万円払ってタイアップをとればミリオンヒットがどんどん出せた。レコード会社にとってもっとも重要なのは宣伝ですが、あの時代は宣伝なんて必要なかった。そもそも宣伝という仕事は宣伝マンが汗をかきながら媒体やレコード店を一軒一軒まわって曲をアピールする地道な仕事。ところがタイアップさえとれば宣伝なんていらないという時期が続いた。

あの時代にレコード会社が言ってたのは、宣伝マンが足で稼ぐよりも、テレビ局に三千万円払ったほうが安いと。三千万円出せば百万枚売れちゃうわけだから、宣伝スタッフなんていらないと。だけど、タイアップに頼っていると宣伝マンが育たなくなる。なおかつプロデューサーも。

だからタイアップの時代が終わってふと気づいたときには、魚を釣り上げられる人が誰もいなくなってしまった。漁師が魚の釣り方を勉強してこなかったから。なんでもそうですけど、魚の釣り方さえマスターしていれば、どんな漁場に行っても食えますよね。そうじゃなかったら、無人島に行ったって釣れません。

いまのレコード会社が抱えている一番の問題点は、アイディアを捻り出し、足で稼ぐというプロデューサー・タイプの宣伝マンが育たなくなってしまったことですよ。だから、いまでも宣伝といえばタイアップ頼みで、それ以外のアイディアや発想がなかなか出てこない。これじゃ売れるものだって売れない。「ほんとうに売る気があるのか⁉」と問いたくなる。

なぜこうした状況に陥ったかというと、もうひとつは「九〇年代のメガヒットの時代はなんだったのか?」という分析ができていないからですよ。分析ができていないから、逆に「いまなぜ売れないか?」ということがわからない。繰り返しになりますけど、メガヒットの時代はタイアップの時代だった。ところが二〇〇〇年以降、タイアップ万能の時代ではなくなったにもかかわらず、分析がきちんとできていないから、**タイアップに替わる新たな戦略がなかなか打ち出せない**。そういうことだと思います。

人材が育っていないということでいえば、これは宣伝だけの問題ではない。テレビ局に丸投げする時代が長く続いたために、レコード会社の制作部門でも楽曲をみずからプロデュースする能力を持つスタッフが育っていないわけです。

将来ものになりそうな人材を発掘したり育てたり、楽曲を制作したりするプロデューサー、ディレクターという人たち、彼らはかつてレコード会社でも花形といわれていました。ところが九〇年代の後半あたりから、ディレクターが「A&R（Artists and Repertoire）」と呼ばれるようになった。いまレコード会社の「A&R」といえば、ほとんどがアーティストの調整役。クリエイティブな発想で楽曲を制作するという創造的な仕事ではなくなっている。たぶん、こうした**クリエイティブな人材の枯渇**がレコード会社の足腰を弱めることになったと思うのです。

それでもCDが売れているうちはよかったんですよ。アルバムで見ると、ミリオンセラーは一九九八年の三十タイトルがピーク。その後、徐々に減少傾向をたどるわけですが、二〇〇〇年代に入った頃にはまだ二十タイトル以上もミリオンが出ていた。

日本の配信市場が「ガラパゴス」といわれる理由

ちょうどこの時期は携帯電話とインターネットの利用者が急速に増えて、「着うたフル」やネット配信で音楽を購入する人々が現れるのですが、レコード会社はほとんど関心を示しませんでした。理由は単純で、**ＣＤに比べて利益率が低い**からです。

たとえば配信は一曲が三〇〇円として、半分はアマゾンとかアップルとかの配信ショップにもっていかれるわけですね。そうすると、残った一五〇円で制作費その他を賄わなければならない。そうなってくると、百万ダウンロードでもレコード会社の取り分は一千万円ちょっと。ここから制作費や宣伝費を差し引いたら、元は取れないですよね。

片やＣＤ（シングル）は一枚一二〇〇円として、百万枚売れれば十二億円。だから九〇年代にＣＤが売れてるときは「札を刷ってる」という感覚でしたから。制作費がどんなにかかるといっても、さすがに一千万円はかからない。仮にタイアップの協力金で三千万払っても、何億という金が残った。

そうした成功体験が忘れられないものだから、ほとんどのレコード会社はＣＤなどのパッケージ商品にばかりに力を入れて、配信ビジネスに対しては長らく消極的な姿勢をとっていた。それで、配信ビジネス先進国のアメリカあたりから「日本の音楽市場はガラパゴス」と揶揄されるわけです。

いま振り返れば、**タイアップによるメガヒットの時代は、宇多田ヒカルの登場とともに終焉を迎えた**といってもいいでしょう。彼女の登場は大がかりなタイアップを仕掛けなくても、楽曲そのものに魅力とパワーがあればミリオンセラーに繋がることを証明した。もちろんそこにはシティポップス風のタイアップ曲や、小室サウンドが飽きられたということもあったわけですけど。

このことは同時に、**テレビの情報発信力が弱くなった**ことでもあります。これは視聴者のテレビ離れということもあるけど、テレビの音楽番組やトップテン番組が高視聴率を叩き出していた八〇年代には、オンエアの翌日には即、CDやレコードの売上が跳ね上がった。いまは音楽番組に出演しても、昔ほど売上に響かない。テレビの影響力が低下したということです。それでもレコード会社はいつまでもドラマやCMとのタイアップにこだわってきた。たしかにタイアップも当たれば大きいですから。

二〇〇〇年代に入っても、音楽業界はCDバブルの余熱に浮かれされていた。しかし、CDの売上は急減し、二〇〇四年の音楽ＣＤの生産額は三八〇〇億円。ピーク時（一九九八年）のおよそ六割まで落ちこんでいた。ちなみに二〇一八年が一五四〇億円（二〇〇四年の約四割）だったことを考えれば、それでもまだ当時はＣＤが売れていたのだ。

ＣＤが売れなくなった元凶について音楽業界は当時、ＣＤ－Ｒを用いたコピー、ＰＣのファイル交換ソフトによる不正コピーと分析していたが、二〇〇五年には「iTunes Music Store」が日本でサービスをスタート。ダウンロードした音楽を「iPod」などのデジタルオーディオプレーヤーで聴く人々が急増していく。

音楽消費のトレンドは確実にＣＤからインターネットを介した音楽配信の時代へとシフトしつつあったが、レコード会社はＣＤというパッケージ商品にこだわりつづけ、自社のコンテンツを配信サイトに提供しない大手レコード会社すらあった。

ＣＤ不況とはいうけれども、世界各国と比較すると、いまも日本ではＣＤが売れている。生産金額でみればピーク時の三割を切っているとはいえ、日本の音楽市場におけるＣＤを含む「音楽ソフト」と「配信」の金額比率は、七九対二一。ネット配信による音楽需要が圧倒的優位にあるアメリカなどと比べても、日本が世界に冠たるＣＤ王国であることがわかる。

とはいえ、売れているＣＤが果たして大衆に支持されているのかどうかの疑問は残る。

グッズ化するCD――AKBのジレンマ

ＣＤが売れなくなってきたとき、本当に頑張らなくてはならない時期に、レコード会社は「**特典商法**」へと舵を切ってしまった。「ＣＤが売れない」「売るためにはどうする？」とやっているうちに、主客転倒に陥ってしまったわけです。つまり、楽曲よりも「おまけ」を優先した結果、ＣＤがグッズ化してしまったということです。

たとえばＡＫＢグループ。特典欲しさから一人で四枚も五枚もＣＤを買う。結果としてミリオンセラーを連発するようになって数字だけは稼ぎ出したけれども、いったい何人の人がＣＤを買ったのか。実際は二十万人もいってないと思う。もっとも、これも痛し痒し。特典商法でもなんでも、ＡＫＢグループのミリオンヒットによって少なくても日本のＣＤ市場は壊滅をまぬがれた。ここがジレンマでもあるんです。

その一方で、タイアップに頼っていた時代にスタッフが育たなかったことと同じような状況が、いまのレコード会社で起きている。ミリオンセラーを出すための楽曲分析や創造性や構造自体が緩んできて、ますますレコード会社の足腰が弱ってしまっている、というのが現状じゃないですか。功罪でいえば、このことが特典商法の罪でしょうね。

ＣＤの生産額が低迷をつづけるなかで、二〇一〇年以降、音楽消費のスタイルが一変。スマホと高速インターネットの普及によって、音楽有料配信とストリーミングサービスの利用者が急激に増加することになった。一曲数百円の単位で音楽データをスマホでダウンロードして聴くというスタイルが一般化している現在、一部では「もはやＣＤというパッケージ商品は不要なのでは？」との意見も飛び交っているほどだ。

とはいっても、「ＣＤVSダウンロード」の優位性をめぐる論争は音楽メディアをめぐる「器」の議論に過ぎない。八〇年代初頭に登場したＣＤは、わずか十年足らずでレコードというアナログ・メディアを駆逐したが、これは単に「メディア＝器」の需要がアナログ・レコードからＣＤへと移り変わっただけの話である。しかし、いま日本の音楽業界が直面している問題は、それほど単純なものではない。

先にも述べたように、ＣＤと比べてダウンロード配信の利益率は低い。プラス成長とはいっても、二〇一九年の音楽配信売上は七〇六億円で、同年のＣＤ売上（一五二八億円）に遠く及ばないのが現状だ。つまりインターネット配信も、失われたＣＤ需要を穴埋めするほどには収益を上げていないということになる。

CDと配信は音楽業界の両輪

CDは売れないし、配信も振るわない、という中途半端な状況にあるわけです。私が教えている尚美学園大学の生徒に訊いてみると、サブスクリプション（定額ストリーミング配信）も思ったほどには聴かれていない。じゃ、どこで聴いているかというと、ユーチューブなんですよ。ということは、ユーチューブには違法アップロードが多いですよね、それをみんなタダで見たり聴いたりしているわけです。業界でもいろいろと法律の網を被せて対処しているんだけども、とても全部は被せきれない。その分をすべて入れれば、日本の音楽産業は一兆円ビジネスになるはずなんですよ。

ＰＶ（プロモーション・ビデオ）なんかでも、ずいぶん制作費がかかっているのにユーチューブにアップされているでしょう。これだってタダで見られるわけですから、お金を払って買うわけはありませんよね。同じようなことは新聞にもいえます。ある新聞社なんかはニュースをタダで出している、ネットニュースでね。これなんか自分で自分のクビを絞めているようなものですよ。

やっぱりインターネットの影響は大きいですよね。ネット時代になって、**情報はタダ、**

音楽もタダ、しまいにはお金を払うのがバカバカしくなってくる。こうした風潮はたしかにあるわけですけど、すべてネットが悪いと片付けるわけにはいかない。こんな時代だからこそ、レコード会社も作り手も、お金を払って聴いてもらえるような楽曲を作らなくてはいけないわけです。レコード会社のスタッフには、「売るための努力をしてますか？」と問いたい。

業界には音楽配信の影響でＣＤが売れなくなったと考えている人がいるけれども、配信とパッケージ商品は音楽業界の両輪なんですよ。よく言うんですが、これまではＣＤという一気筒エンジンで走ってきたけれど、これが金属疲労を起こしている。そこに音楽配信という新しいエンジンが加わって二気筒になれば、安心した走りになるでしょう。だから配信とＣＤは敵対するものではなくて、お互いの弱点を補完する関係でなくてはならない。

流れとしては、いまさら配信を止めることはできない。しかしその一方で、五十代以上の人のなかにはスマホやiPodに五千曲ダウンロードなんていう、目に見えないものに価値観を感じない人もいるわけです。**そうした世代の人々に向けて、私は「形のあるもの（ＣＤなどのパッケージ商品）もちゃんと作りなさい」と言っているん**ですよ。

漁場を分析して釣り糸を垂れる

五十代、六十代、七十代のあいだで一時期、コンピレーション・アルバムがばんばん売れた。五枚組のＣＤボックスとか。それが、いまは飽和状態になって、ほぼ打ち止め。同じような商品が次々に出てきちゃったから。

じゃ、次はどうする？……売れなくなったからといって諦めたり、路線を変更するのか？　そうじゃなくて、こっちはこっちで、ちゃんとやりなさいと。

少子高齢化の日本では、四十歳から六十四歳までの人口が四千三百万人、それ以上の年齢層を含めれば七千万人になります。かつてレコードやＣＤの主要な購買層だった世代が歳をとって、いまや四十歳以上の「漁場」にシフトしているわけですから、釣り人も当然そちらに移らなくてはならない。つまり、ヤングマーケットと大人のマーケットが逆転しているのに、いつまでも昔の漁場で釣り糸を垂れていたって漁獲量が上がるわけがない。

そこで私が提唱してきたのが**エルダー世代をターゲットにした「Ａｇｅ　Ｆｒｅｅ　Ｍｕｓｉｃ＝大人の音楽」**という考え方なんです。

人口比率をみても若者よりも大人の人口が多いのは事実なんですから、音楽業界ではいま、こうした状況を踏まえたうえで何をするのかが問われているわけです。「**千の風になって**」「**吾亦紅**」「**また君に恋してる**」などの大ヒットは、大人（エルダー世代）の漁場が確実に存在していることを証明した。

しかもこれらの曲をよく聴いてみると、いずれも歌謡曲・演歌・Ｊポップのカテゴリーには属さない、新しいジャンルの楽曲なんですね。これを私は「Ａｇｅ　Ｆｒｅｅ　Ｍｕｓｉｃ＝大人の音楽」と定義してみたわけです。たとえば、**森山良子、高橋真梨子、谷村新司、さだまさし**。彼らの楽曲をＪポップや歌謡曲・演歌のカテゴリーに嵌めるのは、どこかしっくりこない。彼らが創り出す成熟した世界こそ、まさに大人の音楽と呼ぶにふさわしいものです。

私も含めたエルダー世代は、年齢なんて関係ないと思っています。アーティストだって年齢は関係ない。実力がすべて。だからエイジフリーなんです。

とはいえ、エルダー世代がいい曲だと認めてくれても、ＣＤショップが全国的にどんどん減っている。最後の砦だった銀座の山野楽器もＣＤ売り場を縮小してしまった。これも大きな問題なんですよ。

ＣＤショップがないから買いたくても買えない。じゃあアマゾンで買えばいいじゃないかといっても、高齢者にはアマゾンで買えない人が多い。買い方がわからないんです。「じゃあ、どうする？」となると、行き着くところはやっぱり「**ドブ板選挙**」しかないんです。衆議院選なんかで政治家の「ドブ板」を見てバカにしてたけれども、あれが大切なのかなと。

いまでいうと、演歌の人たちには後援会がきっちりあるわけですよ。そういう組織を強化して、そこで手売りしかないのかなって思いますね。**Jポップも含めて、後援会組織を充実させる。**演歌でうまくやってる人たちは、そのへんをちゃんとやっていますよ。まず、そうした地盤を固めて、そこで売る。そこがザワザワして、そのザワザワが次第に全国に拡がっていくという感じです。いまは「浮動票」がなかなか集まらない時代ですから。

ヒット曲が見えない時代

なぜレコード会社はCDにこだわるのか。その理由のひとつは、オリコンが毎週発表するCDの売上枚数やランキングが、いまだに絶大なプロモーション効果をもっていると業界関係者が信じているからだろう。

ところが二〇一〇年代に入って、オリコンのランキングにも異変が起きている。ここにオリコ

ンが発表した二〇一九年度のシングルCDランキングの上位五曲を列挙してみると、
①「サステナブル」(AKB48)
②「ジワるDAYS」(AKB48)
③「Sing Out!」(乃木坂46)
④「夜明けまで強がらなくてもいい」(乃木坂46)
⑤「黒い羊」(欅坂46)

二〇一九年の日本で最も多く売れたCDが右記の五曲ということになるわけだが、なんと全曲がAKBグループの楽曲で占められている。ここで疑問なのは、果たして業界関係者やファン以外の日本人の何人がこれらの曲を、また曲名を知っているか、ということだ。たぶん、圧倒的多数の日本人が知らないのではないかと思う。

年間で最も多く売り上げたヒット曲を日本人の大半が知らないとすれば、これは異常事態である。

ちなみに一九八一年の上位五曲は——、
①「ルビーの指環」(寺尾聰)
②「奥飛騨慕情」(竜鉄也)

③「スニーカーぶる〜す」（近藤真彦）
④「ハイスクール・ララバイ」（イモ欽トリオ）
⑤「長い夜」（松山千春）

という並びである。三位と四位にランクインしたアイドル曲は別として、その他の曲はいまなお世代を超えてカラオケで歌い継がれる、邦楽のスタンダードナンバーといってもいい。

このデータから浮かび上がってきたのは、一九八一年には「売れている曲＝ヒット曲」だったものが、二〇一九年では「売れている曲≠ヒット曲」という事実だ。ヒット曲というものが年齢性別を問わず誰もが口ずさめる「流行歌」だとすれば、いまは売れている曲が必ずしもヒット曲とは限らないのである。二〇一〇年以降、この傾向はますます顕著になっている。

オリコンのヒットランキングは数年前から現実とずれ始めていた。ＣＤセールスが人気のバロメーターだった時代ならそれでいいけれども、いまは配信がある。配信の数字を合算しなければ正確なランキングは出せないのに、それが上手く機能しなかった。

もっとも、ジャニーズ系のアーティストなどはiTunesへの配信を許可していなかったので、配信分を合算したところで正確なチャートとはいえなかったわけですが、最近になってようやくオリコンもＣＤセールスに配信をプラスしましたが……。

より正確なヒットチャートということでいえば、ビルボード・ジャパンの「ｈｏｔ１００」は早くからＣＤセールスのほかに配信や動画のダウンロード数、ラジオでのオンエア回数なども合算した総合チャートを発表しているけど、知名度が低いので一般の人はあまり見ないですよね。

ちゃんとしたヒットチャートがあればランキングで盛り上がったんですよ。日本人ってランキング好きですから。だけど最近のオリコンを見てみると、週間で一万枚売れたらヒットになっちゃうんですね。昔だったら絶対にあり得ない。それでヒットといってるようじゃ話にならないし、音楽業界では十万というより百万といったほうがいいんですよ、なるべく吹かしたほうが。ところがいまは、どんどんセコイ数字になっちゃってるから。お祭りで盛り上がらないわけですよ、神輿が立たないから。

それからもうひとつ、八〇年代には五十万枚というと大ヒットだったわけですよ。三十万枚の中ヒットぐらいの曲でも「誰でも知っている」という状況があった。それは何故かというと、『ザ・ベストテン』（ＴＢＳ系）、『ザ・トップテン』（日テレ系）といったランキングの高視聴率番組があって、あの番組に出ると三万が三十万になるという増幅作用がありました。いまは増幅作用自体が起きない。『ミュージックステーション』（テレ朝系）にしても、視聴率は一〇パーセントもいってないでしょう。

さらに七〇年代から八〇年代の中盤くらいまでは、レコード大賞をはじめとして、各局が音楽賞番組を持っていたわけです。これがまた三〇パーセントも視聴率をとっていた。いってみれば芸能界、音楽業界のお祭りですよね。そこには屋台（ヒット曲）がいっぱい並んでたわけですよ。いまは屋台がないからお祭りが盛り上がらない、という状況じゃないでしょうか。

ほんとうのヒット曲がないという話ですが、**誰もが知っていて、誰もが口ずさめる歌がほんとうのヒット曲**であって、そういう歌を私は「**永久歌（とわうた）**」と呼んでいます。二〇一〇年代以降、永久歌が生まれにくい環境にあることは確かです。

私も〝音楽マスター〟として携わっている『**イマウタ**』（BS日テレ）という番組があります。「いまはもうCDの時代じゃない、みんなが聴いているのはサブスクですよ」というコンセプトで、サブスクのダウンロード回数をもとにヒットチャートを発表するという音楽情報番組なんです。

サブスクのランキング番組というのはテレビでは初の試みで、発想は目新しいんだけども、ランキングの上位にくる曲が毎週同じ。顔ぶれが変わらないんですよ。もう**米津玄師とあいみょんの曲がズラっと縦に並んでしまう**。それがずっと何週もつづく。安室奈美恵がはじめて配信されたときは一挙に上位にきたけど、こういうのは特例で。昔みたいに、ヒットがあって、次に何がくるかというトキメキ感がない。かつてのランキング番組にはそれがありましたが、サブスク・チャートにはそれがないのが課題ですよね。

それに昔は「オリコンに入ったから聴いておかなくちゃ遅れちゃう」みたいな感覚ってあったと思うんです。いまはそういうのがないから。「別にランキングなんて知らなくてもいいし……」という人も多いんじゃないでしょうか。

音楽を伝える手段がない

ＣＤがなぜ売れないかというテーマにも繋がるのですが、われわれの時代には自分の好きなアーティストのレコードは、求めて聴いた。未知の曲でも『オールナイトニッポン』から流れてきた曲を聴いたわけですね。いまは売れている曲を流す確かな媒体がない。基準になるもの、指標になる媒体がなくなってしまったということです。

じゃあリスナーはどこに注目するかというと、楽曲のクオリティよりも話題性。たとえば、アーティストの誰と誰が交際しているというニュースが流れると、ヒュッとランキングが上がる。そういう感じなので、いまはヒット曲の指標になるような絶対的なものがないんですよ。

一方でCDの作り手側の話をすると、楽曲を制作している人たちはもちろん「いいものを作ろう！」と思ってやっていることは事実です。しかし音楽というものはスポーツと違って、絶対的価値のあるものじゃない。俺がいいと思っても、そうじゃない人はいるわけで、相対的なわけですよ。でも、作るほうとしては「絶対これがいい！」と思うものを作っているはずなんです。

ところが、これが伝わらない。いいものを作っても一般に伝わらない、という時代なんですね。昔だったら、ラジオ、スポーツ紙、音楽誌……で、十分に情報を発信できたけれども、いまはそこが危うい。「伝わってる」と思っても、全然伝わっていない。

マスコミでいうと、いま空中戦をやっても「砂漠に水」になっちゃうわけです。先ほども触れましたけど、テレビ番組でいったら、以前は『夜のヒットスタジオ』や『ザ・ベストテン』に出れば次の日に数字が動いたけれど、いまじゃ『ミュージックステーション』に出ても動かない。テレビだけでなく、昔だったら『朝日新聞』や『新譜ジャーナル』のアルバム評に出たら動くという、確実なものがあったんですが、いまはそれがない。

つまり、リスナーと直接つながっているものがない、ということです。われわれの時代は「フォーク」だったら『新譜ジャーナル』か『ヤングギター』だったんですよ。それしかなかったから、そこに絶対的な価値観があった。

若者たちはラジオもあまり聴かない。雑誌媒体、新聞、PCも開かない。スマホだけです。どこから音楽情報を得ているかというと、私にも謎なんです。じゃ、SNSなのかというと、SNSにもいろいろある。そこで音大の生徒たちにどこの情報にアクセスしているのか訊いてみると、けっこう情報自体を知らなかったりするんです。

そうなると、若者たちはあまり音楽を必要としていないんじゃないかと。生活のなかの音楽の価値観というのがそんなに高くないんじゃないか、と思わざるを得ないですよね。ちょうどいま、レコチョクから頼まれてプレイリストをやってますが、反響があるのかないのかもわからない。ガンとくるのかどうかもわからないし。どこでヒットしているのかが見えない。まあ、それが見えればレコード会社も苦労がないわけですけどね……。

永久《とわ》歌は生まれるか？

米津にしてもあいみょんにしても大勢の若者たちから支持されているのは間違いありません。ただし彼らの曲が永久歌になり得るのかというと、現時点ではわかりません。

さきほどの番組（『イマウタ』）には「永久歌」というコーナーもあって、これは新しい曲ではなく、ちょっと前までサブスクの上位にランクインしていた曲を取り上げる。これまでにＢＵＭＰ　ＯＦ　ＣＨＩＣＫＥＮの「天体観測」、ＨＹの「３６６日」などを紹介しましたが、これだって国民的なヒット曲かというと、疑問が残ります。

繰り返しになりますけど、九〇年代前半まではタイアップも含めてテレビがヒット曲の牽引役だった。テレビを通じてあらゆる世代が音楽情報を共有していたわけですけど、いまはスマホとＳＮＳの影響力が圧倒的に強い。といって六十代、七十代のエルダー世代はＳＮＳを見ないので、おのずと情報格差というものが生じてくるのは仕方のないことです。かつてのテレビのように、あらゆる世代を束ねる独占的なメディアがなくなってしまったなかで、国民的なヒット曲が生まれる可能性はますます低くなっている。

それでも希望はあると私は思っています。先ほどの「Ａｇｅ　Ｆｒｅｅ　Ｍｕｓｉｃ」

のコンセプトにも関係してくるのですが、「時代のマニフェストソング」を作るということです。

低迷しているといいながらも「千の風になって」「吾亦紅」「トイレの神様」が、なぜいまでも歌い継がれているのか？

これらの曲は基本的に家族愛の歌なんです。家族をめぐる事件やトラブルが連日のように報道されていますよね。いまの日本は家族の絆ということに関して、とても危うい状態になっている。だからこそ、家族を歌った曲が必要だし、時代が「家族愛」を求めているのなら、このテーマで歌をつくるべきだと思うのです。時代の要請に応えた曲なら、タイアップもなにも必要ない。歌の力で勝負できるはずです。

ただし、そうした曲を作るには、ほんとうの意味でプロデューサー的な発想をもった人がいないと難しい。しかるべきプロデューサーが先頭に立って、アーティストを発掘し、それこそ命がけで曲を作るという覚悟がなければ、本当のヒット曲は生まれないと思う。これについては次章で詳しく述べるつもりです。

ここまではＣＤが売れない時代の音楽業界の現状について考察してきた。ポイントは次のとおりだ。

①インターネットを介した有料配信やストーリミングなどの売上額が年々増加しているものの、CD市場が失った損失を埋めるだけの規模にはいたっていないこと。

②CDや配信でランキング上位にある曲が必ずしも「国民的ヒット曲」ではなく、その意味で世代を超えたスタンダードナンバー（永久歌《とわ》）が生まれにくい環境にあること。

③CDが売れない、配信が劇的に伸びない、国民的ヒット曲が生まれない背景には、レコード会社の弱体化も影響している。

……これだけ負の材料を並べると、音楽業界全体が冷え切ってしまっているようにも感じられるが、そうではない。

日本音楽著作権協会（JASRAC）が集計した二〇一八年の「著作権使用料徴収額」の総額は、一一五五億七千万円。実に史上二番目の徴収額を叩き出しているのだ。

勝因については、「インタラクティブ配信の分野で、音楽・動画配信のサブスクリプションサービスおよび動画投稿サービスが好調であったこと」「ビデオグラムの分野でヒット製品があったこと」などを挙げている。

このデータから明らかになったのは、CDは売れなくても、音楽は確実に消費されているということである。より具体的にいえば、CDを購入しなくとも、人々はダウンロード配信やミュージックビデオ、カラオケ、はたまたパチンコ機や結婚式場のBGMなど、幅広いフィールドで音楽を享受しているということだ。桁は違うが、富澤が「音楽業界は一兆円産業」と豪語した背景もこのへんにあるのだろう。

その意味で、音楽業界にはまだまだ「伸びしろ」があり、新たな需要を生み出す可能性を胚胎している、ともいえるのではないか。

ライブ市場は音楽産業を救えるか？

ここ数年で急拡大している日本の音楽ライブ市場も、その好例かもしれない。数字で検証してみよう。

ライブ・エンターテインメントを主催する全国のプロモーターで構成される「コンサートプロモーター協会」によると、二〇一八年のライブ・チケットの売上額は前年比一〇三％の三四四八億二三二二万円。これに対して、CDと音楽配信の合計売上額は二二二〇億であり、ライブ売上の六割強でしかない。

これらのデータが物語るのは、CDは買わないけれど、ライブには行く。CDや配信にはそれほど金をかけないが、ライブチケットの購入には金を惜しまないという、十年前にはなかった音楽消費のトレンドである。

すでに業界の一部からは、「CDや配信で勝負するよりも、ライブで稼ぐ時代がきている」との声もあがっているが、果たしてライブ市場は日本の音楽産業のカンフル剤となり得るのか？


たしかにライブ収入の数字は上がっています。上がってはいるけれど、「なぜ上がったか？」を考えると、そこにはさまざまな問題が透けて見えてきます。

Jポップ系も、売れてた頃はコンサートがアルバムのプロモーションになっていたんですね。新しいアルバムが出るとツアーが組まれる。これには宣伝ツアーという意味合いがあった。プロモーションの一環だからレコード会社も協賛金を出してあげてたわけです。それですごくゴージャスなステージができたんですよ。

いまはそれが成り立たない。まずCD自体が売れないから、レコード会社は協賛金を捻出できないし、コンサートがCDのプロモーションにならない。

いまのリスナーはというと、曲やPVはサブスクやユーチューブで聴いたり見たりすれば十分だと。それで気に入った曲やアーティストがいたら、ライブへ行くと。以前のように、ラジオで聴いて「これはいい！」となれば、まずレコードを聴いて、次にコンサートへ行こうと思ったらプレイガイドでチケットを購入して……という時代ではなくなった。**コンサートとCD（アルバム）の関係が逆転してしまった**わけです。コンサートで聴いてよかったら、会場の物販コーナーでCDでも買って帰ろうか、と。まさにCDのグッズ化です。

アーティスト側にとっても、ライブの敷居が低くなっています。昔はホールでコンサートといえば、そうとう有名にならないとできなかった。いまはライブハウスが全国どの町にもありますから、客が少人数でもできる。予算が少なくても、ライブハウスだったら豪華な舞台装置も必要ないですしね。無名のミュージシャンでも二十〜三十名のファンを集めてライブが開けるようになった。

とはいってもライブ**収入の数字が上がっているのは、一度に聴衆を大量動員できる「フェス」や「ドームツアー」があるから**なんです。ドームツアーができるのは、人気のあるアーティストだけ。ということは、一部の売れている人たちの底上げでしかないわけです。

つまり、売れるところと売れないところが極端なんですよ。入るのは一握りだけで、それ以外はほとんど入らない。いまはキャパが三百～四百人の小ホールでもなかなか満席になりませんからね。全体の数字はいいけれども、果たしてこれが音楽業界にとっていいことなのかどうか。私にはこの状況が健全だとは思えない。

いまこそ**ライブの原点とは何かを考え直す**、ちょうどいい時期にきている。とにかく不勉強なんですよ、ずっと惰性できてしまったから。そうじゃなくて、一度立ち止まって、新しいライブビジネスの手法を確立しないとダメですね。いままでどおりでは無理だと思うんです。

第2章

プロデューサーとレコード会社の復権

ＣＤの売上が漸減する一方で、配信ビジネスが市場を拡大しつつある。が、これとてもＣＤ市場の減少分を埋めるだけの数字には至っていない。しかし、メディアやリスニング環境に違いはあっても、人々が音楽を必要とし、さまざまな場面で音楽を享受していることもまた事実である。

加えて前章では、世代や嗜好によって人々がバラバラな楽曲にアクセスしている現状においては、ほんもののヒット曲＝世代を問わず人々が口ずさみ、永遠に歌い継がれていく楽曲（永久《とわ》歌）が生まれにくい環境であることに触れ、その原因を単に世代間におけるメディアギャップや情報格差の問題として片付けてしまうことの安直さにも警鐘を鳴らした。

なぜ「ほんもののヒット曲」が生まれないのか？——その原因の一端を富澤流に極言すれば、「プロデューサーの不在」ということになる。

驚くべきは、いまから四十年以上も前の一九七八年に、富澤がすでにこの問題を提起していたことで、その論旨は次のようなものだった。

ほんもののプロデューサーとは

日本の場合、ほとんどがハウス・プロデューサー、つまりレコード会社のサラリーマンです。サラリーマンであるからには当然、会社の意向を無視するわけにはいかない。それと、七〇年代のはじめまでは、そもそも日本のレコード業界にプロデューサー・システムはあまり必要なかった。その頃は歌謡曲が主流でしたから、楽曲よりもタレント（歌手）本位で、タレントが売れていればレコードも売れたわけです。このことが日本のレコード業界におけるプロデューサーの存在認識を低くしていたともいえます。

ところが七〇年代前半にフォークやロックが台頭してくると、そうはいっていられなくなる。フォークとロックのムーブメントは音楽性はもちろん、社会的にもより高いレベルの音楽を創るということでしたから、それまでのタレントありきの「流れ作業」的な制作態勢では対処できなくなってきたわけです。

そこで、**プロデューサーの必要性に目覚めた何人かの人々が体制内の改革に乗り出した**。具体的には、キティ・レコードの多賀英典さん、フィリップス・レコードの三浦光紀さんといったプロデューサーです。

多賀さんは、単に芸能ごとではない社会的地位が確立できるような音楽をやりたがっていた。そのためには、「何を作るのか？」という意識がアーティストにも制作サイドにも必要でした。ところがレコード会社という組織のなかでは、なかなか自分の信念というものを貫くのがむずかしい。それならということで、自分たちの組織（キティ・レコード）

を起ち上げたわけです。

三浦さんは、アーティストがいかに好きなものをいい環境で作れるかを常に考えていた人でした。しかし会社サイドとしては、売れる曲をできるだけ低予算で制作することがテーマだったわけです。それで三浦さんは会社側と激しく対立しながら、アーティストにとって最良の環境を作ることに注力した。一介のサラリーマンがなかなかできないことを実践したわけですね。

英米と違って、日本のレコード会社の制作システムにはプロデューサーとディレクターという二つのポジションがあります。そもそも、これが問題をややこしくしているという声は昔からありました。日本の場合、エグゼクティブ・プロデューサーの下にプロデューサー、さらにその下にディレクターが存在して、とてもややこしいことになっている。ディレクターというのは英米にはないし、日本ではプロデューサーがディレクターを兼ねる場合もあります。

しかも日本のレコード会社では、プロデューサーとディレクターの区別がはっきりしていない場合が多い。たとえば某レコード会社では、同じ制作担当でも経験・実績・年功序列によって、ある人はプロデューサーと呼ばれ、ある人はディレクターと呼ばれる。つまり定義が曖昧で、それだけにプロデューサーの認識も低いものだったわけです。

じゃあ、なぜ日本の場合、ディレクターなんていう肩書きができたかというと、おそらく親会社の発想でしょうね。たとえばかつての例でいうと、東芝ＥＭＩというレコード会社の親会社は東芝電気、ＣＢＳソニーはソニーというように、親会社はみんなハードウェアの大企業。こうした企業には係長・課長・部長……といったさまざまな肩書きがある。それと同じ発想で、プロデューサーの下にディレクターを置いた。上の人間に都合のいい年功序列システムだったとしかいいようがありません。

四十年以上も前ですが、当時、東芝ＥＭＩのプロデューサーだった新田和長さんに取材したとき、彼はこう答えています。

「同じ制作の仕事をしているのに、肩書きが違うというのはおかしい。われわれはソフトウェアを作っているのであって、ハードウェアを作っているのではない。時間労働ではなく、いかにいい音楽を作るかだ。そこには経験、実績、年功序列なんてない。みんなプロデューサーという肩書きにすべきだと思う」

こうした発言からもわかるように、日本のレコード会社が親会社の都合でプロデューサー、ディレクターなどの肩書きを設けたために、両者の職域にどんな違いあるのか、といったことが曖昧になってしまったわけです。結果として、そうした長いあいだの企業慣習が今日の音楽業界に「ほんもののプロデューサー」が根付かなかった一因となった。私にはそのように思えるのです。

富澤も指摘するように、レコード会社のサラリーマンである「ハウス・プロデューサー」にはさまざまな局面で限界がともなう。しかし、多賀英典氏や三浦光紀氏のほかにも、かつてのレコード会社には名物プロデューサーが群雄割拠し、それぞれが特異な才能と求心力を発揮していた時代があったという。

そうしたハウス・プロデューサーのもとからは、「ほんもののヒット曲」が綺羅星の如く生まれた。

ビートルズを売りまくった男

昔は各レコード会社に名物といわれる骨太なプロデューサー、ディレクターがいました。彼らはそれぞれのやりかたで旧殻をぶっ壊して、理想をかたちにしていったフロンティアたちでした。

東芝EMI時代にRCサクセション、チューリップ、オフコース、長渕剛などを売り出し、のちにファンハウスを設立した新田和長さん。平原綾香を発掘したのも新田さんの功績です。

それから吉田拓郎と二人三脚でユイ音楽工房を起ち上げ、フォーライフレコードの設立にも参加した後藤由多加さん。彼はいまもフォーライフミュージックエンタテイメントの社長として活躍しています。

まだまだ記憶に残る人はいますけど、ここでは石坂敬一さんのことをお話ししたいと思います。

石坂さんと新田和長さんは東芝EMI（当時は東芝音楽工業）の同期なんです。石坂さんは洋楽のディレクター。日音から東芝に入社して、ビートルズを担当する。高嶋ちさ子のお父さんの高嶋弘之さんが初代のビートルズ担当で、その下についたわけです。

ビートルズを売った男としてキャリアをスタートさせた石坂さんは、そのあともピンク・フロイド、T・レックスなどを日本で売り出す。洋楽というのは海外から売れそうなアーティストを連れてきてプロモートするわけですが、「どんなやりかたで彼らを日本で売り出そうか?」となったときには、担当者の独自のアイディアがものをいう。

たとえばピンク・フロイドのときは『アトミック・ハート』というアルバムに、石坂さんは『原子心母』という日本語タイトルをつけた。独創的ですよね。センスが光っています。

宣伝・編集・テレビ出演もこなすマルチプレイヤー

洋楽的手法というのは、そういう部分で宣伝能力、アイディアがないと。当時は外国映画でも、邦題によって大ヒットするケースがあった。いまは洋楽も洋画もほとんどが原題中心ですけど、あの時代の洋楽のディレクターは自分のアイディアと企画力で勝負していました。

当時の東芝だったら、英国のEMI本社から「次はこのアーティストを売れ」と指令がくるわけです。ビートルズでもピンク・フロイドでも、とにかく売らなくちゃならない。

そこで石坂さんはときにペンネームを使って宣材を書いたり、パンフレットを作ったり、みずから宣伝マンになってラジオやテレビへ出ていく。当時、若い人たちに人気のあった『イレブンPM』『リブヤング』といった番組にもタレント並みに出ていました。『リブヤング』にはレギュラーで出演してましたから、自然に知名度も上がっていくわけですよ。

こうして石坂さんはレコード会社の一宣伝マンがマスコミに顔を出すというスタイルを

確立する。その後、このスタイルをマネする人が出てきたけれども、最初にこの構図を作ったのは石坂さんです。そのころの洋楽のディレクターは、プロモーションの企画や宣伝の仕事も兼務していました。プラス石坂さんの場合はテレビやラジオ出演もこなすマルチプレイヤー。もちろん平社員です。まだ二十代ぐらいだったんじゃないかな。

洋楽は邦楽と違ってアーティスト本人が日本にいないから、いちはやく向こうの情報を入手する必要がある。ライナーノーツも重要な情報源になります。しかし石坂さんの場合はそうした英語の資料をそのまま翻訳して出すのではなく、後に評論家になる立川直樹さんや今野雄二さんのような才人たちをピックアップして、彼らに日本人向けのライナーノーツなんかを書かせていた。石坂さんのこういうところが他の人にはない、プロデューサー感覚をもった編集者としての才覚なんですよ。

何があっても逃げない人

石坂さんは洋楽でもロックが専門でしたが、そのころの日本はまだロックの黎明期。そこに内田裕也さんが出てくる。

日本にはロックのまえに「ロカビリー」の時代がありましたが、人気があったのはいわゆる三人男といわれていた、ミッキー・カーチス、山下敬二郎、平尾昌晃なんです。裕也さんはロカビリーのスターではなかったし、ちょっと外れたところにいた。

それでロカビリーからGSの時代になったときに、「こんなものロックじゃねェ！」ということで、裕也さんはフラワーズやフラワー・トラベリン・バンドでほんもののロックを志向するわけです。大晦日に「ニュー・イヤーズ・ワールド・ロック・フェスティバル」を主催したりね。

そんな裕也さんに石坂さんが賛同して、二人はシェイクハンドするわけです。裕也さんも石坂さんを認めたんですね。以降、石坂さんは裕也さんを支えていく。どうしたら日本のロックを世界に通用するクオリティにまで高められるか、そればかり考えていた。やっぱりロックが好きだったんでしょうね。あの手この手を使いながらプロデュース能力を発揮していくわけです。

そんな石坂さんと私がどんなふうに出会ったかというと、ある日、石坂さんから電話があって「会いたい」と言ってきた。最初は「洋楽のディレクターが私に何の用かな？」と思った。

あとになって考えると、そのころの私はフォークのことを歯に衣を着せずバリバリ書いていたので、それが石坂さんの眼には「面白いヤツ」に映ったんじゃないですかね。「面白そうだから、とりあえず会ってみよう」という感じでしょう。それで一緒にお茶を飲んだのが、長い長いつきあいのきっかけです。

人間に右と左があるとすると、石坂さんは「右側」の人というイメージでした。少なくとも「左ではない」というね。「左」っていうと、口先ばかりという感じだけど、石坂さんの場合は何があっても逃げないという、右側の体質を感じましたね。

最後までそういう姿勢を貫いた。誰が来ても逃げない、というね。たとえば裕也さんが来ると大抵はみんな逃げちゃうんだけど、石坂さんは逃げない。だから裕也さんにしてみれば「おまえは根性がある！」ということになる。

私もロックじゃなかったけど、当時は言いたいことを書いてたから、裕也さんに「おまえはフォークだけど、根性ある！」って褒められましたよ。ロックから見たらフォークは軟弱と思われていましたから。まあ、ロックとフォークというと一見「水と油」のように見えるけど、そんなことはない。人間同士、共鳴したり繋がったりすることはあるんですよ。

「ミスター東芝」からメジャーのトップへ

話は戻りますが、先ほどの高嶋弘之さんという人もなかなかスゴイ人だったんです。六〇年代の日本で大ブームになった「カレッジフォーク」があるでしょう。このネーミングは高嶋さんがつくった。そこへ新田和長さんを入社させて、自分の後継者のようにした。ジローズ、チューリップ、オフコース……当時の東芝のフォークはだいたい新田さんの担当。片や石坂さんは洋楽のディレクター。ある時期の東芝はこの二人が現役のツートップだった。

ところが一九八四年に新田さんがファンハウスをつくって独立する。当時の制作二部だったかな、それがまるごと独立するわけですよ。チューリップやオフコースをはじめ、ほとんどのアーティストを全部引き連れて。売上でいえば何十億でしょうね。

その穴を埋めたのが石坂さんだったんです、邦楽部門の制作本部長に抜擢されて。最終的には専務取締役まで昇りつめるんですが、邦楽部門を立て直したときの石坂さんの手法っていうのがまた独特でした。

普通の人だったらまず新人を持ってくるじゃないですか。そこを石坂さんは「新人はいつ売れるかわからない」という考えから、数字の稼げる大物をひっぱってくる。矢沢永吉とかね。この戦略は当たるわけです。それからの東芝は石坂さんの時代で、彼は「ミスター東芝」と呼ばれるようになります。

東芝退社後は、ポリグラムやユニバーサルミュージックの社長に迎えられて、ユニバーサルを日本一のレコード会社に押し上げると、今度はワーナーミュージックへ行って辣腕を振るいます。

それまでのワーナーは、どちらかというと負け戦が多く、負け癖がついていた。そこに石坂さんがやってきて、ワーナーも変わっていくわけです。勝利体験を積み重ねていくことで社員にも自信がつき、勝ち組の体質になった。そのへんが石坂さんのうまいところです。まさに名将。プロ野球の優秀な監督みたいですよね。

そのワーナーを三年ぐらいで退いていたんですが、二〇一六年に突然亡くなってしまう。一九四五年生まれだから七十一歳。若いですよね。やるべきことはまだまだあったんじゃないかと思います。

私も石坂さんからはいろいろ学ばせてもらいましたが、いま振り返ると「面倒臭い人」でもあった。告別式の弔辞でも読んだんですけどね、「あなたは面倒臭い人でした……」って。どういうことかというと、石坂さんは痛いところを的確に突いてくるわけですよ。オベンチャラを使うような人でもなかったしね。部下の人は緊張したんじゃないかな。だけど人の才能を見抜く眼力は抜群だったし、厳しいところはあったけれども、成果を上げた部下を正当に評価する人でした。

レコード業界にさまざまな足跡を残した石坂さんですが、その最たるものを二つ挙げるとすれば、ひとつは古い慣習にとらわれない経営者だったこと。もうひとつは、いくつものレコード会社の社長を歴任したことです。

制作畑の出身者でメジャーの社長になった人は石坂さんがはじめてだと思います。大抵は総務とか経理の出身者が偉くなるわけですよ。ほんとうに音楽が好きな人はなかなか出世できないというね……。

石坂さんは昔、ランチャーズ（加山雄三を中心に組まれたバンド）でベースを弾いてたんですよ。だから音楽のことをよく理解していたし、音楽が大好きだった。そういう人が社長になったということは、ある意味で快挙だと思うし、そこがまた石坂さんのスゴイところだと思うんです。

形骸化するプロデューサー・システム

プロデューサーが腕を競い、国民的なヒット曲が社会に溢れていた時代。いまの音楽業界からは想像するのが難しいが、たしかにプロデューサーの黄金時代はあったのだ。

日本の音楽業界をプロデューサー不在の状況に陥らせた元凶について、富澤は長年の企業慣習と九〇年代のタイアップ全盛期におけるレコード会社の怠慢を挙げているが、問題は大部分のレコード会社がいまなおそうした体質を引きずっていることだ。

いまもそうですけど、そもそもレコード会社というのは敷居が高いんですよ。以前は新卒採用のときに出身大学も指定されていた。レコード会社が儲かっていた時代には、レベルの高い大学を卒業した若者たちが大挙して押し寄せましたが、そのなかには音楽が特に好きじゃない人もいた。その人たちは経理や総務といった部署に配属されて、やがて社内のエリートコースを歩んでいくわけです。

一方で大学時代にバンドを組んでいたような音楽が好きで好きで堪らない連中は制作を希望する。あたりまえですよね、音楽を創りたくてレコード会社に入社したわけですから。

だけども制作畑の人間というのは前者に比べると、社内での立ち位置がちょっと落ちるんですね。うまくすれば制作部長や本部長クラスにはなれるけれども、それ以上の取締役になるのは音楽がそれほど好きじゃないエリートコースの連中ということになる。そういう時代が長いあいだ続いてきたという感じです。

そんななかでいうと、制作畑から社長にまで昇りつめた石坂さんは異例のケースで、それ以前は本社や親会社筋からの天下りとか、経理畑か総務畑の人とかがトップに就くケースがほとんどでした。

いまはレコード会社に入社してくる若者たちの気質も変わってしまって、たとえばソニーミュージックあたりでも就職希望の学生たちがいっぱい来るんだけども、制作志望はあまりいないそうですよ。私たちの時代にはレコード会社といえば制作、宣伝、営業の順番だった。いまは勤務時間が不規則でいつ帰れるかわからない制作はイヤだ、と。夕方五時に終わる仕事がいいというね。

これにはいくつかの理由が考えられますけど、まず制作の仕事、プロデューサーの仕事とは何かが若者たちに理解されていない、ということもあると思います。実態がわからなければ、当然その仕事の魅力もわからない。これも原因はレコード会社にあるわけです。

大半のレコード会社は外部のプロデューサーを使う。昔は叩き上げの社員プロデューサーがいたけれども、いまはプロデューサーや制作は外部の誰とか、制作会社に任せるという流れに変わってきている。テレビ局と同じで、実際に現場で作ってるのは制作会社じゃないですか。レコード会社も構造はたぶん一緒だと思います。

レコード会社の現状でいえば、プロデューサーで制作部長クラス、本部長くらいがエグゼクティブ・プロデューサーといわれています。彼らの仕事は金勘定をして、グランドデザインを描く。設計図を書いて、人を集めて、たとえば「ジャケットをどうするか？」といったときにはデザインのチームを呼んできて、ＰＶ（プロモーション・ビデオ）は映像チームを呼んできてやらせる、と。予算と権限はもってるわけです。だからプロデューサーなんですけど、仕事の内容はプロジェクトの大枠を決めて下請けに丸投げしてしまうのが現実です。

以前ならば、このプロデューサーの下に社員ディレクターがいて、実際の制作現場でイニシアティブをとっていたけれども、いまはサウンド・プロデューサーと呼ばれる人たちが制作を仕切っている。**小林武史**、**織田哲郎**、**笹路正徳**、**椎名林檎をやってる亀田誠治**とか。任せちゃったほうが楽なんですよ。アレンジからスタジオミュージシャンのブッキングから、サウンド面のすべてを請け負ってくれますから。彼らは現役のミュージシャンでもあるので、とにかくサウンドに詳しい。先駆けになったのは**細野晴臣**、**山下達郎**といった人たちで、九〇年代には**小室哲哉**や**つんく♂**が台頭して、プロデューサーとしても一世を風靡したわけです。

サウンド・プロデューサーが活躍することは悪いことではありません。それよりも彼らに制作を一任せざるを得ないレコード会社の現状にこそ問題があるように思う。なぜレコード会社は制作を外部のサウンド・プロデューサーに丸投げするのか？　レコード会社にサウンド作りに精通したプロデューサーなりディレクターがいないからですよ。

レコード会社のプロデューサー、ディレクターといえば、昔はバンドの経験があってプロになれなかった、あるいはプロにはなったけど売れなかった、そんなレベルの人が大勢いた。だからこそ、制作の現場でいろいろと指示が出せた。よっぽど勉強してる人じゃないと、制作現場は務まらない。

「ここが違うんだよね……。じゃあ、洋楽のあの曲のような感じでやってみよう！」とかね、具体的に指示を出せなければ誰もついてこないですよね。山下達郎とか**大滝詠一**は昔のアメリカのポップスをほとんど聴いてるわけだから、細野晴臣にしても。

石坂さん曰く、「プロデューサーは洋楽のヒット曲を三千曲ぐらい知らないと話にならない」と。ところが、いまのレコード会社の制作スタッフは勉強していないから、サウンド・プロデューサーに頼るしかないわけで、あがってきた曲に対してダメ出しもできない。そりゃそうですよね、彼らよりも知識が勝っていなくちゃ、誰もいうことをききませんよ。

かつてプロデューサーといえば、レコード会社や音楽プロダクションなどのいわゆる原盤制作にかかわる最高責任者のことだが、いまやプロデューサーとしての実質的な権限は主に楽曲面における責任者であるサウンド・プロデューサーに移行しつつある。彼らの大半は楽曲の実作者（トラック・メーカー）で、自らがミュージシャンである場合が多い。昨今ではサウンド・プロデューサーが従来のプロデューサーやディレクター業務のほかにA&R（22頁参照）を兼ねているケースもあるので、それぞれの職掌を理解するのはなかなか難しいという。

いずれにしても、いまの音楽業界でヒットメーカーといわれているのは専ら後者であり、レコード会社のプロデューサーではない。富澤が憂えるのもまさにそこだ。ハウス・プロデューサーの不在は、とりもなおさずレコード会社の弱体化を象徴するものと富澤は見ている。

ところで、プロデューサーはこれまで述べてきたようなレコード会社のハウス・プロデューサーやサウンド・プロデューサーだけではない。音楽出版社や多くのミュージシャンを抱えるマネージメントオフィスにもプロデューサーはいるし、ライブ制作や音楽イベントを企画催行するいわゆるイベンターの世界でもプロデューサーは活躍している。

さらに音楽業界の外側に目を転じると、映画業界やゲーム業界にも音楽にかかわるプロデューサーは存在する。音楽を必要としているのはCDや配信などのコンテンツビジネスだけではなく、私たちの生活のさまざまなフィールドにおいて音楽が受容されている以上、それぞれの各分野に特化した音楽プロデューサーが必要になるのは時代の趨勢ともいえるだろう。その意味で、卓越した発想力を有するプロデューサーの才覚が今日ほど求められている時代はない。

いつの時代にも、常にリスナーは「新しい何か」を希求しているものだが、そうした要求に応えるのもハウス・プロデューサーやマネージメントオフィスの重要な仕事である。将来性のある新人を発掘し、才能を育て、楽曲を作り、プロモーションを展開し、新たなヒット曲を創出するのがプロデューサーの使命なのだ。

次代を担うアーティストの発掘

はじめて**尾崎豊**の曲を聴いたときの衝撃はいまだに忘れられません。一九八三年の十一月二十一日に『十七歳の地図』というアルバムでデビューしたとき、彼はまだ青山学院高等部に在籍する十七歳の高校生だったんですが、曲を聴いた瞬間、これは面白いと思った。当時は若者が本音でものをいうとなると、すぐにツッパリ風のロックンロール調になるんですが、彼の場合は明らかに違っていました。

十七歳なりに感じている社会に対する反発や不安というものを自分の言葉で正確に表現していた。アルバムからシングルカットされた「15の夜」には、彼のやるせないパワーが凝縮されていて、尾崎豊という新人はひょっとしたら、七〇年代に私たちが吉田拓郎から受けたような衝撃を同世代の若者たちに与えるかもしれない、と直感したんです。

とはいってもレコードで聴いただけでは彼の才能がホンモノかどうか確信がもてない。それで新宿ルイードでおこなわれた彼のファーストライブに足を運んでみると、もっと驚いた。ほとんどプロモーションらしいことはしてないのに、場内は立錐の余地もない。しかも、すでに五百人で札止めになっていたにもかかわらず、さらに百人以上のファンが会場前に長蛇の列をつくっていた。これは只事じゃないと思いましたね。もちろん、この夜のライブを聴いて、尾崎豊はホンモノだと確信した。だから当時の雑誌には「尾崎豊を知らない若者は不幸だ！」と書きまくりましたよ。

ここで重要なのは、尾崎豊という新人がたまたま偶然、世に出てきたわけではないということです。CBSソニー（現ソニー・ミュージックエンタテインメント）のプロデューサーだった須藤晃さんが尾崎の才能を見抜き、本人とも徹底的にディスカッションを繰り返しながらリードしていった。『十七歳の地図』にしても、イニシャル（初回プレスの枚数）が二千枚ぐらいですから、社内ではそれほどの期待株ではなかったと思うんですが、須藤さんは将来を見越していた。尾崎の才能というものに対して、須藤さんにはそれだけの自信があったということでしょう。

当時、辣腕プロデューサーといわれた人には**驚くべき「目利き」**が多かった。あらゆる方面にレーダーを張り巡らせて、自分のレーダーに引っかかったアーティストを確実にものにしていった。そんななかからヒット曲が生まれ、さらにその曲のうちの数曲が時代を超えて歌い継がれて、やがてスタンダードナンバーになるわけですよ。

米津玄師だって、ニコニコ動画でボーカロイドのクリエーターをしていた頃からユニバーサルミュージックの目利きのスタッフに注目されていたし、音楽評論家の今井智子さんは五～六年前から米津を推していて、その頃からレコード大賞のアルバム賞の候補に名があがっていました。いまでも目利きというのはいるんですよ。

あいみょんにしても偶然ポッと出てきて、いきなり大化けしたわけではないんです。矢沢永吉の元マネージャーでブルーハーツやセカオワ（SEKAI NO OWARI）を発掘した村田積治さん（現ラストラムミュージックエンタテイメント社長）という目利きの眼にとまったのがデビューのきっかけだった。最初はインディーズです。それからワーナーミュージック・ジャパンに移ったんだけど、ワーナーの小林和之さん（現社長）が、これまた目利きなんですよ。かつてエピックレーベル（ソニー）のロック系は彼が一人で切り回していた。この人の存在が大きいわけです。レコ大の新人賞にノミネートされたときは出演しなかったけど、これも戦略です。

米津にしてもあいみょんにしても、私は普通のシンガーソングライターだと思ってるんですけどね。彼らこそ、フォーク、ニューミュージック系というより、いわゆるシンガーソングライターの王道じゃないですか。配信系、デジタル系から出てきているから「新しい」というイメージがあるけれども、実は彼らこそ「正統」だと思っています。彼らの曲がヒットするのも理解できます。米津でもあいみょんでもいい曲を作ってますよ。

先ほども触れたけれど、**小室系**がカラオケでブレークしたでしょ。その後、もっとちゃんとした歌が聴きたいというニーズが高まって、**UA、MISIA、宇多田ヒカル**が出るわけですよ。**椎名林檎**とかね。同じようなことが、いま起きてる。そのなかで、米津とあいみょんが時期を同じくして出てきた。つまり、**正統派に戻った**ということです。かつてMISIAや宇多田が登場したことによって音楽のトレンドが実力派路線に回帰したようにね。

ただ、宇多田と彼ら（米津やあいみょん）にはインパクトに違いがある。インパクトの付け方といってもいいと思いますが、宇多田のときはテレビがすごかったから。彼女が出ると音楽番組の視聴率がバーンと上がった。それで宇多田のスゴさというのが増幅されていった。結果、CDが七百万枚とか八百万枚とか売れたわけですよね。これって増幅効果だと思うんです。曲を聴いて、誰もが「たしかにいいネ！」という。でも、それだけじゃダメなわけです。そこから先にいって、それこそ日本中の人が彼らの曲を知っているようにならなければ永久歌《とわ》にはなり得ないということです。

その点、たぶん米津、あいみょんといっても、まだまだ知らない人はいると思うんですよ、レベルとして。やはり、楽曲にプラスアルファの要素がないと、社会的インパクトまではいかないいんじゃないですか。プラスアルファとは、**一言でいえば「強力なキャラクター」**だと思います。

あとひとつ大切なことは、米津も含めていまのアーティストは、作詞、作曲、アレンジはあたりまえ、ビジュアル面も全部一人でできるから。彼らに対抗できるスタッフがレコード会社にいないのが問題だと思うんです。何度もいうけど、アーティストに何かを提案したり、指示を出したりするときに、やはりスタッフ側にもそれなりの知識がないと、アーティストに馬鹿にされてしまう。ちゃんとしたプロデューサーを育てていかないと、それこそプロデューサーとは名ばかりの、ただの小僧になっちゃう。現にいま、そういうことが起きているわけですよ。

スーパースターは生まれるか?

ほんもののプロデューサーがいない、と嘆く富澤だが、音楽業界には少数ながらも「目利き」が存在するという。一部ではあるが、新しい才能の発掘に力を入れているレコード会社もある。そうした人々の地道な努力から、果たして次代の「スーパースター」は生まれるのだろうか?

レコード会社というのは、最先端のソフト工場ですよね。それなのに、「**工場に研究所がないのはおかしい!**」って、昔から言い続けてきたんです。

それがわかっていたのはソニーミュージックだけ。一九七九年の段階で、ソニーミュージックは三億円の予算を注ぎ込んで「SD〔Sounnd Development〕事業部」というのを作ったんです。この部門は売上を目的としない、文字どおりの「研究所」なんです。

ここで何をしたかというと、新しい才能の発掘と育成に一貫して取り組んだ。つまり、アーティストの自給自足を目指したんです。他のレコード会社は、プロダクションかどこかが売り込んできたアーティストを高く買わされる。でも、ソニーは買わされる必要がない、全部自分のところでできちゃいますから。その意味でSD事業部を立ち上げた稲垣博司さん（ソニーミュージック副社長、ワーナーミュージック・ジャパン会長を歴任）はキーパーソンです。

SD事業部は、**ハウンドドッグ、バービーボーイズ、村下孝蔵**……などなど錚々たるアーティストを輩出しています。**尾崎豊**もそうです。

新人の発掘に本気で力を入れているのは、いまでもソニーミュージックとエイベックス、それとユニバーサルミュージックぐらいでしょうかね。ユニバーサルミュージックは読売ジャイアンツみたいなもので、いいアーティストがいたら力づくでスカウトしてくるパワーがある。それに対してソニーミュージックは野球でいえば広島タイプ。自前で育成するので広島は選手の獲得に高い金を払わなくても強くなってますよね。

新人を発掘するための手段にオーディションがあります。いまでもソニーミュージックは毎年やってますからね。毎年定期的にやっているのはそうはないでしょう。

オーディションで難しいのは、ただ歌がうまければいいという話じゃないので、アーティストとしての資質を見抜くということです。いくら歌がうまくても、カラオケバトルから売れた人はいないんですよ。クリス・ハートぐらいでしょう。ＭａｙＪ．も歌はうまいけどイマイチという感じになっちゃう。そこへいくと、七〇年代フォークというのはすごかった。すごいのがゴロゴロいたということですよ。

これは私の本音ですけど、**本当の意味でのスーパースター、スーパーヒーローというのは、尾崎豊以降、出ていない**と思っているんです。米津もあいみょんもスーパースターではない。売れているだけじゃダメなんですよ。やっぱりユーミン、中島みゆき、吉田拓郎、井上陽水級じゃないと。革命的ということですよ。さらにいえば、いまの音楽シーンで活躍している人のなかからは、将来のスーパースター、スーパーヒーローは出ない、というのが私の見立てです。

じゃあ今後、日本の音楽シーンにスーパースター、スーパーヒーローは現れないのかというと、そんなことはない。必ず出てくると思っています。

なぜかというと、スーパースターが出てないのは音楽業界だけなんですよ。他の世界からは全部出てるじゃないですか。テニスの世界は錦織圭が出て、大坂なおみが出て。バドミントンだって卓球だってすごい。女子ゴルフだって、将棋の世界だってスーパースターが誕生している。

ということは、どこかにいるんですよ。音楽の世界にも、次代を担うスーパースターの予備軍が。たぶん、どこかにいて、そこで人知れず光っている原石が必ずいるはずなんです。こうした**原石を吸い上げられるようなシステムになっていない**、いまの音楽業界の構造が大問題なんですよ。

たとえば昔でいえば、どうやって岡林信康が出てきたか。当時は演歌・歌謡曲がメインだったから、メジャーのレコード会社はどこも岡林をとらない。そこで「ＵＲＣ」（アングラ・レコード・クラブ）という、自主制作のレコード会社を作ったわけでしょう。「エレック」から吉田拓郎が出てきたときも一緒ですよ。

尾崎豊が出てきたとき、時代はポプコン（ポピュラーソングコンテスト）だった。ポプコンって、ヤマハ・タッチといわれるように、ヤマハのカラーというのがあった。その時代はたしかにポプコンが力を持っていたけれども、その一方でポプコンからは出たくないという人たちもいっぱいいたわけです。そんな人たちをすくいあげたのがソニーミュージックのSD事業部だったわけですよ。彼らのために「エピック」というレーベルができて、そこからロックが出てきたという流れですね。

その後、ポプコンやSDオーディションが賞味期限切れになったところで、今度はショーケースみたいになってくる。それでインディーズの時代がくるわけ。でも、いまはインディーズも賞味期限が切れるところにきているわけですね。ということは、これからは従来と違う新人の発掘の仕方が必要になってくる。そこをどうするか、というのが課題です。だから、いまだって光っているラフダイヤモンドはどこかにいるはずなんですよ。いるんだけども、こちらからは見えないだけ。

レコード会社の復権と「ミュージック・ドック」構想

たしかにCDを売ってビジネスするって、いまは厳しい。となってくると、CDを売るだけじゃない――「三六〇度」とみんないってるんだけど――、そこを基にした周辺ビジネスをちゃんとやっていかないと、売上的には成り立たないと思うんです。とはいえ、何度もいってることだけど、まず「原石」がよくなければ周辺だってよくなるわけがない。

　基本的に「**周辺産業**」っていうのは昔から儲かるわけですよ。たとえばアメリカでゴールドラッシュが起こったときにいちばん儲かったのは「リーバイス」だっていうから。一攫千金を夢見る人々が山に押しかけて、その人たちが作業着としてジーンズを買った。日本の音楽産業でいえば、実はＣＤメーカーよりもカラオケメーカーのほうが儲かったりしているわけ。まさに周辺産業ですよね。

　だからレコード会社が生き残るためには、周辺にばらまいてしまったビジネスの権利をもう一度、自分たちのところに集めるしかない。さっきも話したけれど、以前はＣＤが一枚ヒットしたらレコード会社がどこよりも儲かったわけですよ。それがある枚数までいくと、もうお金を刷っているのと同じような感覚になっていたわけ。だけど、いまはそうじゃない。

　なぜ昔はレコード会社がそんな儲かったかというと、レコード会社がプロダクションも兼ねていたり、原盤権や出版権を持ってた。いまはリスクヘッジのために権利を方々へばらまいちゃうから、ＣＤの儲けしか入らない。しかも、肝心のＣＤが売れないんじゃ、レコード会社が潤うわけがないわけです。やはり権利を持ってないと健全なビジネスとはいえないということですね。

とにかく原点に戻ることです。原点に戻って最低限の権利を確保して、新人アーティストの発掘と育成をきちんとやる。レコード会社が復興する道筋は、それしかないと思います。

レコード会社が往事の勢いを取り戻すことが音楽業界の健全化にもつながる。そのためには、メーカーが抱えている構造的な欠陥を見直すことに加え、有能なプロデューサーによる新人の発掘・育成が急務となる。

しかし、それだけでは不十分だと富澤はいう。「いま、なぜCDが売れないのか？」をメディアやリスニング環境の変化ばかりではなく、供給サイド＝レコード会社の政策面からも多角的に分析する必要があると主張する。

果たして、その具体的な「秘策」とは？

いまぼくがやろうとしているのが**《ミュージック・ドック》**なんです。

われわれは定期的に「人間ドック」に入りますよね。そうすると、さまざまな病気や不調の原因がはっきりする。自覚症状がなくても思わぬ病が潜んでいることだってある。病名がわからないと処方箋も書けないし、治療もできないわけですから、人間ドックはとても有用なわけですよ。

このメソッドをレコード会社に応用できないかと考えたときに、《ミュージック・ドック》をやろうと。たとえば、こんないい曲なのになぜ売れないんだろう？……おかしいよね。こんなに宣伝してるのに思ったほどに売れてない。これって、おかしいよね……とかね。この「おかしいよね度」が高ければ高いほどヤバイわけじゃないですか。そういう楽曲は、一度《ミュージック・ドック》に入ってもらおうと。それで、どこがどう悪いのかを各科の医師に集まってもらって徹底的に分析する。すると、じゃ、こうしたほうがいいんじゃないかって、処方箋が書けるし、処方箋に則ってもう一度手当てをしようという考え方です。

とにかく敗因について検証しないことには、いつまでたっても「勘」に頼るしかないわけです。いままでみたいに、

上司「おまえ、この曲が売れないのはおかしいだろ？」

部下「ちゃんと宣伝もしてるんですけどねえ……」

上司「じゃあ、頑張って売れよ！」

みたいなレベルの繰り返しでは、いつまでたっても学習効果は望めない。そこをキッチリやらないと。

たとえば、「タイアップもついているのに、なぜ売上が伸びないのか？」とか、そこをひとつずつ検証していかないと、次に繋がっていかない。それをレコード会社は「勘」に頼ってきた。分析ということをやってこなかったわけです。何度もいいますが、すぐに「六千億が三千億に落ちた」というけど、これだって、もともと三千億しかなかったのが六千億になって、結局もとの三千億円に戻っただけの話なんです。でも、「なぜ六千億も売れたのか？」の分析がいまだにできていない。分析ができていないものだから、後付けでいろんな理由をでっち上げてみたところで、まったく次に活かされていない……というのが現状だと思います。

《ミュージック・ドック》構想では、まずレコード会社内に専門家を招集する。人選が重要ですけど、これはいってみれば第三者委員会のようなもので、レーベルの担当者やスタッフだけでなく、私のような立場の人間がいたり、メディア関係者がいたり、五人ぐらいのメンバーで構成します。身内だけを集めたのでは、ただの社内会議になってしまいますから。

　こうしたメンバーが、**「なぜ売れないのか？」を多角的に議論する**わけです。そして、ここで出た結論を次回作に反映させる。さらにその結果についても分析する。これを繰り返すことで、何らかの突破口が開けてくるのではないかと思うんです。

　こうした構想をふくめて、やろうと思えばまだまだ手の打ち方はあるんですよ。レコード会社が名実ともに音楽産業の牽引者に返り咲くためには、打てる手はいますぐ打つ。これしかありません。

第３章

ほんもののヒット曲は生まれるか？

売れている曲イコールほんもののヒット曲ではない。すなわち、ヒットチャートの上位を占めている曲が必ずしも大衆に支持されているわけではないこと、そして、こうした現象を招いた背景には世代差によって音楽のアクセス方法に大きなギャップが生じていること、ヒット曲の共有化を先導してきた放送メディアが力を失ったこと、ほんもののプロデューサーの不在などについても繰り返し言及してきた。

ほんもののヒット曲とは、世代間の壁を越えて口ずさまれる楽曲であり、時代を超越したスタンダードナンバーのことである。これを富澤は「永久歌《とわ》」と呼んでいるわけだが、果たして今後、日本の音楽シーンに「永久歌」は誕生するのだろうか？

先述したように、富澤はその可能性を追求するなかで二〇〇八年から《Age Free Music》＝Jポップでも、歌謡曲でも、演歌でもない大人の音楽というコンセプトを提唱し、自らが旗振り役となってさまざまな楽曲をプロデュースしてきた。が、この活動もようやく軌道に乗りはじめたところで、富澤が模索する大人の音楽路線の試みはまだまだ途上にあるといえるだろう。

富澤は「ほんもののヒット曲」の条件に、「聴く者の心を震わせる歌」「聴く者の人生を変えるような歌」を挙げており、その代表曲が「千の風になって」や「涙そうそう」だという。

本章ではケーススタディーとして、この二曲がヒットするまでの経緯を再検証し、ほんもののヒット曲＝永久歌を生み出すための道筋について、さらに突っ込んだ議論を進めていく。

Jポップでも歌謡曲でも演歌でもない

ずっと私は《Age Free Music》を提案しているわけですけど、そのきっかけは十年以上まえにオリコンの週間チャートを見ているときでした。

オリコンの邦楽チャートは基本的にJポップ系と演歌&歌謡曲系の二つに分かれているんですね。そのとき**「千の風になって」**を見て、あれっと思ったんです。「千の風」は結果的に総合チャートで一位になったんですけど、そのまえの時点では演歌&歌謡曲に入っていた。このときに「千の風って、演歌&歌謡曲なのかな?」と疑問に思ったんです。

そもそも演歌&歌謡曲系はポップス系に比べて総合チャートには入りにくいわけですよ。そこで業界から演歌&歌謡曲を独立させたチャートを作ってほしいという声があがり、その要望に応えてオリコンが「演歌&歌謡曲チャート」を新たに設けた。

そうすると、総合チャートにはランクインしていない演歌&歌謡曲でも、「演歌&歌謡曲チャート」で一位になれば売り文句になるし、プロモーションにも有利じゃないですか。

そうした経緯があって演歌&歌謡曲チャートというのができて、それなりに認められるようになった。
そんなことで、発売当初「千の風になって」は演歌&歌謡曲チャートに入ってたのね。そこに私はなんとなく腑に落ちないものを感じたわけです。**秋川雅史**はテノール歌手ですから、普通だったらクラシックですよね。Jポップじゃないし、そうかといって演歌&歌謡曲でもない。
そのすぐあとの**すぎもとまさと**の「**吾亦紅**」も「演歌&歌謡曲チャート」に入ってたんです。いまでこそ杉本真人さんは演歌&歌謡曲系の作曲家（歌手名すぎもとまさと）だけど、七〇年代にはシンガーソングライターとして活動していた。『吾亦紅』は杉本さんの曲に、ちあき哲也さんが詞をつけたわけだけど、どちらかというとフォーク系の曲ですよね、本来的にいえば。Jポップでないことは確かなんですよ。そうかといって演歌&歌謡曲ともいえない。となると、「これって何?」という感じになるじゃないですか。
そのあとに出てきたのが**秋元順子**ですよ。秋元順子の「**愛のままで…**」も演歌&歌謡曲チャートに入っていた。これもJポップでないことだけは確かなんですよね。そうかといって、演歌&歌謡曲のなかに秋元順子が入ったときに、ちょっとしっくりこないのね。

どちらかというと大人のポップスのほうが合っている。無理繰り入れれば演歌&歌謡曲になるのかもしれないけど、そうじゃないと思った。

それから決定打は**坂本冬美**の「**また君に恋してる**」です。坂本冬美が演歌歌手なのは事実だけど、この歌に関していうと演歌&歌謡曲とはいえない。そうかといってJポップでもないなと。じゃあ、これを何ていったらいいんだろうと考えていくと、これらの共通点はやっぱり「大人のラブソング」だろうと。

こういう歌が時期を同じくして自然発生的に生まれてきた。これこそ**大人のマーケットが欲してる歌**なんじゃないのか、と思ったわけです。それで、Jポップでもない、演歌&歌謡曲でもない、大人の音楽を表現する呼び名は何かないかと考えた。ここでいろいろ考えて生まれたのが《Age Free Music》なんです。大人を英語でいうとマチュア(mature＝成熟した)なんですが、マチュア・ミュージックといってもわからない。エイジフリーという英語表現はないんだけど、長嶋茂雄さんの「メイク・ミラクル」と同じで、日本人にわかりやすいほうがいいということで、このネーミングにしたわけです。

マーケット開拓への意識喚起

ここで重要なポイントは、いくら新しい大人の音楽が出てきても、そのままにしておけば演歌&歌謡曲で片付けられてしまうということなんです。

そうではなくて、新たなマーケットを切り拓けば、同じ曲でもさらに拡がっていくのではないかという発想がそもそもあった。そのために《Age Free Music》という言葉をつくって、これが**「いま時代が必要としている大人の音楽である」というコンセプト**を打ち立てた。それで、時代が大人の音楽を必要としているのであれば、このマーケットに向かってレコード会社も進むべきだ、というようなことをオリコンの連載コラムに書いたんです。

そうしたら、これを読んだ石坂敬一さん（53頁〜参照）から「一誠くん、これ面白いよね！」と電話がかかってきた。レコード会社も大人のマーケットを開拓しなくてはいけないという状況だったんです。そんな矢先にちょうどいい提案だったということで、《Age Free Music》のキャンペーンを打とうということになった。そのころの石坂さんはレコード協会の会長でもあったので、協会をあげてやりたいと。

だけどレコード会社は十六社もあるので、この提案に乗るところと乗らないところが出てくるかもしれない。といって各社にいちいち説明しているうちに企画自体がポシャることもあり得るし、とにかく、いいアイディアは早く進めようということになって、ユニバーサルミュージックが先行してキャンペーンを打つことになった。そしたら、キングレコードとかテイチクエンタテインメントとかエイベックスとかも乗ってきたんです。これも石坂さんの狙いだったわけですけど、結果として十六社が参加することになった。

そのとき私が思ったことは（前の章でも述べましたが）レコード会社というのは最先端のソフト産業であるにもかかわらず、研究機関を持ってないんですよ。これはおかしいでしょうと。だから、このCDはなぜ売れたのか、なぜ売れなかったのか、という分析なんかしたことなかったわけですよ。みんな〝当たるも八卦、当たらぬも八卦〟というドンブリ勘定できたわけですよね。CDバブルの時代まではそれでもよかった。一年ずっとヒットが出なくても最後の最後で一発ミリオンセラーが出ればひっくり返るというね。九回の裏に逆転ホームランが出れば万々歳という時代だったわけですね。

それが段々とそうはいっていられなくなった。ちゃんと分析しなくちゃいけないんじゃないの、と。《Age Free Music》のプロジェクトはその意識喚起でもあったわけです。そこがスタート地点だったのです。

「芽」を見逃すな

どこのレコード会社だって新曲を出すときは、売れないと思って出すところはない。でも売れないわけですよ、ほとんどが。そのときに「なぜ売れないんだろう?」といって手を打つことをしない。毎月新譜が出るものだから、そんなことを考えてる暇もないわけです。だから次から次へと新譜は出すんだけど、せっかく芽が出てきたものを売り切れないという状況になっちゃうんですね。本来は芽が出てきたものをどう活かすか、というのが重要なんです。しかし、そういう考え方がもともとなかった。これをまず改めなくちゃいけない。

新曲の場合、大抵は三カ月タームなんですが、やることは決まっているわけです。たとえば、このマーケットであればカラオケ雑誌。……といっても『カラオケ・ファン』『歌の手帳』『ミュージック・スター』ぐらいしかない。ラジオでいうと、大人の歌がかかるのは、あの局のこの番組とかね。テレビになるとほとんどない。そのほかだと、たとえばイオンモールのインストア・ライブとかね、そのぐらいしかない。でも、これだけだと「一応キャンペーンをやりました」ということでしかないわけ。そのなかで芽が出ればいいけれども、芽が出るなんてなかなかない。そうこうしているうちに、もう次の新譜へいっちゃうわけですね。

それでも、その曲がほんとうに良ければ必ず何かの反応があるはずなんですよ。たとえばモールでライブやったら異常に盛り上がったとかね。昔でいうと、たとえばUSENの六百数十箇所の放送所に全部リクエストがあったとか、他はないけれど白川の放送所だけがリクエストの一位になったとかね。**長渕剛の「順子」**なんかもそうだった。四カ所ぐらいの放送所だけで一位になったんですね。

そうすると、「なんでそこだけで一位になってるんだ?」って思うじゃないですか。それで、レコード会社の担当者が実際にそのエリアに行ってテコ入れをする。プロモーションを強化したりね。そういう時代には、USENから火がついて大ヒットするケースがあったわけです。

いまは宣伝費が掛けられない時代ですから、どこかで少しでもピクッていう反応があったら、すぐに動く必要がある。ところが、宣伝部がなかなか機敏に行動しない。というより、ピクッとしても気づかないことが多い。宣伝マンも数が少ないし、次から次へと仕事に追われていますからね。それで、せっかくのチャンスを逃すことになるんです。

いまの時代、**「とりあえずやっておく」という定番メニューだけでは売れない**んですよ。最初にまず「この歌はどんなターゲットを狙ってるのか？」というのがあって、次に「それだったら打ち出し方はどうする？」「この路線に合ったメディアはどこか？」とかね。そういうディテールを吟味せずに「とりあえずやっとけ」「ハイ、一応やりました」って言ってるだけじゃ売れるわけがない。

可視化されたデータに頼りすぎない

だから、ＣＤが売れない売れないと嘆いてばかりいないで、「なぜ売れなかったのか？」「売るためにはどうすればいいか？」という分析が必要ということ。私の提案している**《ミュージック・ドック》**（第２章77頁参照）もそういうことなんです。

昔のレコード会社の編成会議には白熱したものがありましたよ。営業と制作が火花を散らした。それぞれの担当者が自分の意見を主張して、ぶつかり合った。新譜を出すことに営業が反対することもあった。その場合、制作陣は営業サイドを論破しなくてはならない。そのためには相手を納得させるだけの分析力が制作側になくてはならないわけです。だから、昔のスタッフはよく勉強していた。力関係を考えて、根回しもしていたし。

いまは編成会議といってもそんな侃侃諤諤にはならない。会議が形骸化しているわけです。熱が冷めているというか。それよりも「タイアップはついてるのか？」という話ですよね。楽曲の分析よりも「タイアップがついてるか？　ついてないか？」のほうが重要になっちゃった。タイアップさえついていれば「まあいいか」という感じですよね。結局、いまだに売れる売れないの判断基準がタイアップになっている。

インディーズ系のアーティストのＣＤをメジャーのレコード会社が出す場合は、インディーズ時代にどれだけＣＤが売れたか、ライブでどのくらい客が入るかを基準にする。つまり楽曲の分析よりも可視化されたデータだけで判断する。やっぱり、目利き、耳利きがいなくなったということですよ。前にもいったように、とにかくタイアップ、タイアップで目利き、耳利きをここ二十年ぐらい育ててこなかったからね。

チェリッシュ最大のヒット曲となった「**てんとう虫のサンバ**」は、もともと「捨て曲」だったんです。アルバム（『**春のロマンス**』）を作るときに、担当ディレクターの高橋隆さんが森山加代子の「白い蝶のサンバ」のような楽しい歌が一曲あったらいいなっていう、といってみれば遊び感覚からこの曲ができた。つまり一押しの勝負曲ではなかったわけ。ところが、大阪のラジオ局で流したらリクエストが殺到した。さきほどの話でいえば、大阪で〝ピクッ〟という反応があったわけですよ。

レコード会社の真価が問われるのはここからで、高橋ディレクターはじめ当時のビクターのスタッフは編成会議で急遽この曲のシングルカットを決めた。この反応の素早さが、あの国民的ヒット曲を生み出したわけです。それだけ当時のレコード業界には機を見るに敏な目利き、耳利きが揃っていたということです。

デモテープだってそうですよ。毎日いろんなところから大量のデモテープが届くわけでしょう。それを聴いた人の直感によって、その曲の運命が大きく変わってしまう。たまたま目利き、耳利きの人の手許にわたれば国民的なヒット曲が生まれるチャンスだってあるかもしれないけど、ほとんどの人が聴き逃してしまっているとすれば、こんなにもったいない話はない。自分たちで豊穣な漁場を見逃しているわけですからね。

ヒットの可能性を阻むもの

新曲を出すときは、当然いいと思って出すわけですよ。いい歌でありさえすれば売れるのがあたりまえ。キレイごとに聞こえるかもしれないけど、これが本来あるべき姿だと私は思ってるわけです。だけどいまの時代、なぜそうなってないのか――？

一番はタイアップの問題。タイアップが付くというのは、過剰販促ということですから、テレビやラジオでどんどん流される。いってみれば、ある程度のヒットが約束されているわけです。何度もいいますが、私はタイアップを頭から否定しませんけど、**タイアップ曲だけがテレビやラジオから毎日のように流れて、それ以外の曲は無視されるという現状が問題**なんです。しかも、いい曲にすべてタイアップが付くのかというと、そうでもないし……。つまり、いい歌だからヒットするという常識が通用しなくなってしまった。

音楽は聴いてもらっていくらのビジネスなんですから、楽曲が聴き手に届かなければCDが発売されてないのと同じことになってしまう。これはメニューに定番料理しか載せていないレストランのようなものですよ。もっといろんな料理があるのに、メニューになければ毎日同じ定番料理ばかりを食べさせられることになってしまう。

まあ、たしかにタイアップはいまでも強力なプロモーション効果があるわけで、ビジネスとして考えれば良しとせざるを得ない部分はあります。人間というのは安易な方向に流れやすいから、額に汗しないで高いプロモーション効果が望めるのであればそれに超したことはない。とはいっても何から何までタイアップということになれば、さまざまな音楽を求めている聴き手の選択を狭めることになりかねません。

そのいっぽうで、誰も期待してないところから生まれてくるヒット曲というのもある。かつてのフォークの名曲がそうでした。拓郎、陽水だって最初は彼らの音楽がビジネスになるなんて誰も思ってなかったわけですから。**「帰ってきたヨッパライ」**なんて、その最たるものでしょう。

誰も期待してないから、当然プロモーションに金なんか掛けなかったし、タイアップなんて発想もなかった。だけど、そうした環境から「フォーク革命」というものが起こったんですから。今一度そういう原点に立ち戻ってもいいんじゃないかなって思う。《Age Free Music》の発想もこうした考え方から出てきたわけです。


富澤がプロデューサー役となって推進している《Age Free Music》は、エルダー世代にターゲットを定めた新たなマーケットの開拓を目指すものだが、その一方で、このプロジェクトこそ、タイアップに安易に流れてしまう音楽業界に対する富澤の抗議行動だったのではないか。そんな印象を強く受ける。

音楽業界に無作為という停滞ムードをもたらした諸悪の根源を「テレビ番組との安易なタイ

アップ」と断じる富澤は、三十年以上も前からタイアップの功罪について度々発言し、とりわけその弊害について警鐘を鳴らしつづけてきた。

こと楽曲に関していえば、タイアップによる過剰プロモーションに依存しなくても「いい歌はかならずリスナーの心を摑む」いうのが富澤の持論だ。

とすれば、「いい歌」はどのようにして生まれるのか？　また、そこに「方程式」はあるのだろうか？

「千の風」はなぜヒットしたのか？

まずね、「いい曲イコールいい歌ではない」ということ。いい曲は、その曲にふさわしい歌い手に歌われて初めていい歌となって、たくさんの人々の心を摑むのです。

新井満さんが最初に「千の風になって」をレコーディングした目的は、幼なじみの友人の妻が亡くなり、その一周忌のための鎮魂歌だった。一周忌に参列できなかった満さんが、友人を慰めるために有名な英語の詩に曲をつけた。それをスタジオで録音して、私家版としてCDを三十枚だけ焼いて、その何枚かを友人に送ったんですって。そこから物語がはじまるわけです。

これは満さんから直接聞いた話ですけど、この曲が世に出るきっかけを作った人がフジパシフィックミュージック会長の朝妻一郎さん。この話には前段があって、二〇〇三年の八月に満さんが旧知の朝日新聞の記者に「千の風」の話をしたところ、この話が「天声人語」の記事になった。これが読者の大反響を呼んで、正確な歌詞を知りたい、歌を聴きたい、CDが欲しいという電話がひっきりなしに鳴り始めたそうです。だけどCDは私家版の三十枚しかない。そこに朝妻さんの勧めもあって、ポニーキャニオンから新井満バージョンの「千の風になって」(メジャー盤)が二〇〇三年にリリースされたわけです。

ところが話はこれだけで終わらなかった。曲があまりに素晴らしいということで、翌年にまず盲目のテノール歌手、**新垣勉**さんがカバーします。さらに「私も歌いたい」という歌手がいっぱい出てきた。**加藤登紀子**さんや**森山良子**さんといった大御所も「歌いたい!」と言ってましたね。

秋川雅史さんもその一人です。最初に所属事務所(ケイダッシュ)の松田英雄社長が「この曲を秋川に歌わせたら面白いかも」と、直感でそう思ったそうです。それでとりあえずライブで歌わせてみたら、客の反応が違った。それで「これはいける!」と思って、『**威風堂々**』というアルバムのなかでカバーさせたんですよ。その後もライブでの反応がいいので「ひょっとしたら」ということで、二〇〇六年にシングルにしたんですね。決め手はこの年の「紅白」ですよ。秋川が歌うまえに木村拓哉が詩を朗読したことも話題となって、翌年一月のオリコン・シングル・チャートで一位。クラシック歌手としては史上初の快挙ですよ。あとは勢いにのって、一年三カ月後にはミリオンを突破するわけです。

この一連のストーリーから何がいえるかというと、もしCDが新井満バージョンだけだったら、結局は「いい曲」で終わっていた。ミリオンまでは届かなかったと思います。つまり、**「いい曲は、その曲にふさわしい歌い手に歌われることで、いい歌になる」**ということです。その意味で、私がいつも言ってることは、「いい曲」と「いい歌」は違うということ。さらにいえば、私の言う**〝ほんもののヒット曲〟というのは、「いい曲」ではなく「いい歌」**なんですよ。

同じことが**「涙そうそう」**のケースにも当てはまります。

「涙そうそう」は**森山良子**さんの詞で、**ビギン**の作曲ですよね。良子さんがビギンに「曲を書いてよ」という話をして、「涙そうそう」というタイトルで曲ができた。で、良子さんがビギンに「涙そうそう……何のこと？」って訊いたら、涙ポロポロの意味だっていう。

たしか良子さんのお兄さんかな、小さいころに亡くなっている。その兄をイメージして、良子さんはあの詞を書いたそうです。それで良子さんとビギンがそれぞれこの曲をシングルで発売したんですよ。だけど売れなかった。

それから五年後ぐらいに、この曲を**夏川りみ**が歌うんです。夏川りみさんは沖縄石垣島の出身で、もともと星美里という芸名の演歌歌手だったんだけど、なかなか売れなくて、歌手をやめて沖縄に帰った。そのころお姉さんのスナックを手伝っていたそうだけど、そのお店にあったテレビにたまたまビギンのライブが流れていた。そのときにビギンが「涙そうそう」を歌っていたらしいんですよ。それを聴いた瞬間、彼女は「この歌を私は歌いたい！」と思った。幸い夏川とビギンは旧知の仲だったから、すぐに彼女は比嘉栄昇のところへ飛んで行って「私に歌わせて！」と交渉して。そんな経緯があって、「涙そうそう」を夏川さんが歌うことになったんです。

それが、あれよあれよという間にヒットチャートを駆け上がっていったわけです。つまりね、森山良子さんのもビギンのも「いい曲」ではあるんだけど「いい歌」じゃなかった。たとえれば、たぶん良子さんとビギンは水彩画だったんでしょう。でも夏川りみさんはもともと演歌だから、油絵にしたんじゃないかな。水彩画の淡い感触ではなくて、油絵の濃厚な表現ですよね。それが成功の要因だと思います。

ずっと後に良子さんもコンサートのときに言ってましたよ。「私たちは五年も前から歌ってるのに、なんで売れなかったんでしょうかね……」って。けっきょく夏川りみさんが歌うことで、「いい曲」が「いい歌」に変わったということですね。

「また君に恋してる」もそうでしょう。あれは**ビリーバンバン**が男目線で歌ってたんだけど、そんなに売れなかった。それを坂本冬美さんが歌うことによってヒットしたという好例ですね。

「いい曲」と「いい歌」

作曲家の**林哲司**さんが言ってたのは、あの人は洋楽出なので、洋楽に負けない日本のポップスを作ろうということで、おしゃれなポップスを作ってたわけです。「**セプテンバー**」（竹内まりや）、「**真夜中のドア**」（松原みき）、「**サマーサスピション**」（杉山清貴&オメガトライブ）とかね。でも大ヒットにはならない。ドカンと来たのは「**悲しい色やね**」（上田正樹）ですよ。

ある日「歌入れが終わりました」といってソニーミュージックの担当ディレクターが

持ってきたデモテープを林哲司さんが聴いたら、ひどいと感じた。「なんだこれは？」って最初は思ったわけですよ。でも、それが売れてしまった。そのとき林さんが「いい曲といい歌は違う。これでヒットの秘訣がわかった」と言ってましたね。俺はいい楽曲しか考えてこなかったけど、一般のリスナーにとっての「いい歌」っていうのは違うんだな、と。そこから林さんはヒット曲を連発するようになる。だから、どんないい曲でも、いい歌にならないとヒットはしないということです。

その意味でスゴイのが**美空ひばり**さんですよ。

東京ドームで美空ひばりの生誕八十周年記念コンサートがあったときに、総勢二十二組以上の歌い手が出演した。彼らが美空ひばりの曲をそれぞれ披露したんだけど、まあまあ聴けたのは五木ひろし、天童よしみ、坂本冬美の三人ぐらい。あとは誰が歌ってもダメ。美空ひばりに失礼だろうって感じですよ。あの、さだまさしでさえ「誰が歌っても美空ひばりさんには叶いません」っていいながら歌ってました。

出演者はみんなわかっていたわけです。それだけ美空ひばりは偉大なんですよ。だから、いい曲をいい歌にする魔術師っていうのが、ほんとうにスゴイ歌い手ということじゃないかと思います。

それから、「いい歌なんだけども、いまひとつ売れない」というケースもあるんです。その場合は、その歌の良さが十分に伝わっていないことが多い。

たとえば**森山良子**さんの「**さとうきび畑**」ですよ。良子さんがこの曲をはじめてレコーディングしたのが一九六九年（昭和四十四年）で、アルバム（『**森山良子カレッジ・フォーク・アルバムNo.2**』）に収録されたんだけどほとんど注目されませんでした。その後、九七年にはNHKの『みんなのうた』でショートバージョンが放送されたけども、火がつくところまではいかなかった。

それが二〇〇二年、当時私がプロデューサーとパーソナリティーを担当していた『**ジャパニーズ・ドリーム**』というFM NACK5の番組で、十一番まである歌詞を全部歌っているシングル（完全版）を紹介したんです。そうしたら反応があった。三十何年経ってね。社会情勢もあります。前年にアメリカで同時多発テロが起きて、これがアフガニスタン紛争、イラク戦争に繋がっていく。そんななかで、あの歌がにわかにリアリティを帯びてきたということもあるでしょう。

ほんとうに「いい曲」には永遠の命があるということです。ただし、それをヒットにつなげるには、その曲にふさわしい歌い手を見つけることと、時代を読んでタイミングをはかるということも重要だと思います。よく「ヒット曲は生み出すものではなくて、偶然生まれるものだ」なんていわれますけど、実はそうじゃない。タイミングはもちろん重要だけど、それ以上に人間の意志の力が強く作用していると思うんです。意志の力とは、「この曲を絶対に歌いたい！」という歌い手の情熱、この曲は絶対にいい歌になるという「耳利き」のインスピレーションのことです。

いい歌い手といえば――これまた繰り返しになるんだけど、私の感覚でいうと、**尾崎豊**以来スゴイ歌い手が出ていない。「いまの時代の尾崎豊って誰かな？」「いま尾崎が生きてたらどういう歌を歌うんだろう？」って、よく思います。尾崎のような歌い手がどこかにいるだろうとは思うんだけど、出てこない。目利き、耳利きがいないからです。

誰かが引っ張り上げて、そこに置けばいいだけなんだけどね。拓郎、陽水もそうだけど、誰かがそこに置くだけでよかった。彼らはラフダイヤモンドだから最初から光っていた。七〇年代まではそういう感じでしたよね。ところが八〇年代以降のアーティストには人工ダイヤが多いから、金を使ってどんどん宣伝しなければビジネスとして成立しなくなってしまった。尾崎だって、誰が売ったというわけじゃない。最初から光ってたからね。

いまの時代、たった一人でもいいからダイヤモンドが出れば、音楽業界はガラッと変わると思うんですよね。何度も言いますけど、そうした人材の発掘もふくめて音楽業界がいちばん遅れている。

現在のレコード会社は「ラフダイヤモンド」の発掘に積極的ではない、と苦言を呈する富澤。これは言葉を換えれば、いまのレコード業界にダイヤモンドの原石を発見できる人材がいなくなってしまったということだろう。

それでは、一九七一年に評論家デビューして以来、名うての「目利き」「耳利き」として音楽業界で活躍してきた富澤に、新たな原石を発掘しようという意志はないのだろうか？

若いアーティストの発掘は若い人に任せたほうがいい

Official 髭男 dism、米津玄師、あいみょんとか、若い世代のアーティストが注目されているけれども、彼らを見つけるのはオレじゃないな、と思ってるんです。われわれは守旧派になってきてるから。

さっきも話したけど、われわれに若い世代のアーティストを見抜く目があれば、評論家の今井智子さんがレコード大賞アルバム賞委員会で米津を推していたときに、みんながそれに賛同してたはずですよ。でも、私を含めて委員のほとんどは小馬鹿にしたように取り合わなかったものね。ということは、「若いアーティストの発掘は若い人に任せたほうがいい」ということですよ。

われわれの世代はそうじゃなくて、われわれと同世代の人たちに対して啓蒙するのが役割だと思っているんです。昔、音楽をやってたけど、できなかった人がいっぱいいる。歌のうまいオジサン、オバサンがいまデビューしたっておかしくないじゃないの、と。かつて歌手志望だった人でも、あのときは（歌を）出せなかったけれども、いまだったらいい歌が歌えるかもしれないですよ、と応援してあげる。そっちのほうが私の使命かな、って思ってるんです。

若い世代については、正直いってわからないですよ。拓郎の『古い船をいま動かせるのは古い水夫じゃないだろう』と同じですよ。それはそれで若い人に任せたほうがいい。

若いアーティストの発掘は若い人に任せる――。

かつてデビュー間もない井上陽水の才能にいちはやく注目し、彼が日本のニューミュージック界の頂点に立つことを誰よりも早く予見した富澤の言葉だけに、この発言には千鈞《きん》の重みが伴う。

その当時、陽水が隠し持っていた類い稀な音楽性と創造力を見抜いた業界人が何人いたか。少なくともベテランといわれていた評論家のなかには見当たらない。

それをおそるべき精度で看破したのが、当時二十一歳だった富澤の聴力と直感だったのだ。

だからといって、その後の富澤がずっと陽水の伴走者でいたわけではない。時代とともに陽水の歌がしだいに富澤の心を捉えなくなったからだという。

そんな富澤が、四十二年間にわたって不即不離の関係を維持してきたアーティストがいる。シンガーソングライターの永井龍雲である。

すでに富澤のプロデュースで二枚のシングル「**顧みて**」「**献杯**」と一枚のアルバム『**オイビト**』を発表しているが、富澤がそこまで永井にこだわる理由は何か？

……それはね、龍雲の場合は決着がついてないからです。

一九七七から七八年にかけて**松山千春**、**長渕剛**、**永井龍雲**が相次いでデビューした。彼らは「フォーク三羽がらす」と呼ばれていたけれども、当時この三人を推していたのは私だけでした。ちょうど原田真二、八神純子、庄野真代といった「ニューミュージック第三世代」が注目されていた時代に、彼ら三人は抒情派フォークで登場した。この三人のうち、千春と長渕はガーンと売れたわけですよ。ところが龍雲は五枚目のシングル「**道標《しるべ》ない旅**」がようやくヒットチャートを駆け上がってきたときに「あるアクシデント」の側杖を食って、結局この曲も中途半端なスマッシュヒットに終わってしまったんです。

そもそも「道標ない旅」は龍雲がグリコのCMのために書き下ろした曲なんです。CMソングというのは千載一遇のチャンスですから、彼もそれこそ自分の人生を賭けてこの曲を書いたし、CMで曲が流れたことで永井龍雲は一躍世間から注目されるシンガーソングライターになった。松山千春に続くホープと目されるようにもなったんです。そんなときに予期せぬアクシデントが起こる。

直前までこのグリコのCMに出演していた山口百恵が三浦友和と恋人宣言をしたんですよ。人気カップルによる突然の恋人宣言ですから、マスコミも一般大衆の関心もいっせいに二人に集中して、CMも百恵と友和が二人で出演している古いバージョンに差し替えられてしまったんです。当然、龍雲の「道標ない旅」もオンエアされなくなってしまった。

そんなことがあって、「道標ない旅」はそこそこのスマッシュヒットで終わってしまったんですが、ちょうどその頃、私は『**永井龍雲　負け犬が勝つとき**』という本を出版して、「永井龍雲こそ次代を担うスーパースターだ！」と宣言しちゃったんですよ。ということは、もし彼がこのまま売れなかったら私は音楽評論家としての信頼を失うことになってしまう。

それから三十五年後、当時の決着をつける意味もあって私は龍雲とタッグを組むことになります。龍雲は、「**愛を舐めるな**」など大人のラブソング「熟恋歌」を歌う**広瀬倫子**と共に、テイチクエンタテインメント内に設立した《Age Free Music》レーベルの第一弾アーティストなんです。これまでにアルバム一枚とシングル二枚をリリースしていますが、すぐにヒットというわけにはいきません。だけど「売れないからやめる」じゃなくて、「売れるまでやる！」というのが私のモットーであり信念。きれいごとに聞こえるかもしれませんけど、「いい歌」はいま売れなくても、いつか必ず売れる。私は歌の力を信じてますから。腰が引けたまま、何もしないというのがいちばんダメです。

ほんとうのヒット曲が生まれる可能性

さきほどの話とも関連しますが、ラフダイヤモンドを発掘するという発想と同時に、もうひとつの考え方として、過去に一世を風靡したアーティーストやいわゆる大物といわれている人たちの魅力を再発見する**《ミュージック・トライアウト》というプロジェクトを提**

永井龍雲のアルバム『オイビト』

広瀬倫子「愛を舐めるな」(上下ともテイチクエンタテインメント)

案しています。
これで難しいのは、もう一度ヒットを出すといっても、彼らはみんな業界の横綱・大関になっちゃってるんで、長年の贅肉を落とす覚悟が本人たちにないとうまくいかない。「昔の名前で出ています」じゃなくて、いまのリスナーに向かって歌うのであれば、いったん過去の栄光をリセットするぐらいの覚悟がないと。

三浦和人（「きのう　きょう　あす」を《Age Free Music》レーベルからリリース）もそうだったけど、最初にこの話を振ったときに「二日考えさせてくれ」って彼は言ったんですよ。というのは彼の場合、他人の曲を歌うのが初めてだったから。彼はずっとシンガーソングライターとしてやってきたから当然ですよね。

そこで私の口説きかたとしては、新しい魅力を開拓するためには、いままでラグビーをやってた人がサッカーをやらなくちゃダメだ、いままでの得意技は封じ込めろ、と。サッカーは手を使っちゃいけないけど、それでも闘わなくちゃいけない。それをやるには新しい筋肉を鍛えるしかない、と。それができれば新しい魅力が必ず生まれるはずだ。そんなふうに彼を説得したわけです。

そもそも「なぜ三浦和人だったのか？」という話をすると、彼は一九八〇年にフォーク

三浦和人「きのう　きょう　あす」(テイチクエンタテインメント)

デュオの「**雅夢**」でデビューして、「**愛はかげろう**」が大ヒットした。その後、「雅夢」を四年で解散して、それから紆余曲折はあったけれど、ずっとソロで歌い続けてきたんですね。だから贅肉がついてない。

それから、これは重要なんですけど、**一回ホームランを打った人は、また打てる可能性があるということ**。彼の場合はデビュー曲で一発ホームランをかっ飛ばしたわけだから、本人がその気になればイケるっていうことなんです。経験がない人にホームランを打てといってもなかなか難しいですからね。要は本人をその気にさせることですよ。その情熱がプロデューサーにもないとね。

どんなアーティストもそうですけど、だいたい二十歳前後でデビューして、五年間は脇目も振らず一生懸命やる。三十代になると人気に翳りが見えはじめて、本人もいろいろと考えるようになる。それは仕方のないことで、永遠に売れ続ける人なんていませんから。それで三十五歳ぐらいから悩みはじめるわけですよ、「こんなはずじゃなかった」と。

これが四十代に入るともっとキツくなるわけ。いつの間にかプロダクションはなくなり、レコード会社にも蹴られて、四十五歳ぐらいで決断を迫られるわけです。なかには音楽の世界から身を退く人もいるけれども、いまも残ってるアーティストというのは、このときに覚悟を決めた人です。誰もマネージメントをしてくれないなら、かみさんをマネージャーにしてでも自分たちだけでやる。聴いてくれる人がいるなら小さなライブハウスでもやるし、ギター一本でも歌い続ける、という覚悟です。

四十五歳までに覚悟を決めた人は、そのあともずっと続きます。永井龍雲もそうだし、三浦和人もそうです。よりビジネス的なことをいえば、三千〜五千人の固定ファンがいれば、仕事はまわっていくんですよ。だいたい彼らは年に六十〜七十本ぐらいライブをやってますから、生活の基盤を確保したうえでレコード会社や所属事務所を気にすることなく、余裕をもって好きなことを自由にやってるから。荒波をわたってきたから、自信があるわけですね。

それと彼らの**ファンクラブ**というか**後援会がちゃんとしているから**。これも重要なポイントです。だから、ちょっと調子のいいときに「イッパツ参議院選にでも出てみようか」みたいな気分でメジャーと組んでシングルを出してみる。後援会のメンバーが応援してくれているんだから、うまくいかなければ戻ればいいじゃないか、ということですね。

メジャーならレコード店に全部いくし、ポスターも作ってくれるし、そこそこ宣伝費も出してくれると。ＰＶも作ってくれますからね。それでうまくいったら当たるかもしれないし。まあ、「そういう冒険もたまにはやったらいいいんじゃないの？」っていう発想ですよね。

《ミュージック・トライアウト》の面白さは、売れてるときには不可能だったことにもいろいろチャレンジできることです。由紀さおりとピンク・マルティーニがコラボした『１９６９』（二〇一一）はその好例で、全盛期の由紀さんだったら思いもよらなかった企画だと思います。このアルバムが大ヒットして、二十年ぶりに由紀さんが『紅白歌合戦』に返り咲いた。まさに組み合わせの妙で、企画力の勝利でした。

昔だったら専属契約に縛られて好きなことができなかった人たちが、いまは何でもできるようになった。発想力や企画力次第で、それこそ誰も思いつかなかったような「夢の競演」だって実現が可能になったということです。その意味で私の頭のなかにはまだまだトライアウトできる人が大勢いる。あえて名前は出しませんけどね……。

第4章

音楽でメシが食えるか？

音楽評論家。テレビ番組の企画構成とナビゲーター。ラジオＤＪ。音楽プロデューサー。イベントのプランニング……等々、さまざまなメディアを縦横に駆けめぐりながらマルチな活躍をつづけている富澤一誠だが、これらのビジネスと並行して、富澤は音楽系の専門学校と大学で教鞭をとっている。その目的はもちろん、音楽業界に優秀な人材を送り出すためである。

音楽や他の芸術分野に限らず、どこの業界でも逸材を欲している。業界の未来と企業の浮沈はひとえにそこで働く人々のマンパワーにかかっているからだ。

富澤が日々心を砕いているのも、いまの音楽業界になくてはならない独創的な人材をいかにして養成するかということだが、学生たちのほとんどはミレニアム世代・スマホ世代といわれる十代～二十代の若者たち。そこには人知れぬ苦労もあるようだ。

音楽の仕事には三つのポイントがある

学校には音楽関係の仕事に就きたいと思っている若者たちが集まるわけですけど、最初は実際に何がしたいのかわからない生徒が多い。わからないんだけども、とりあえず音楽業界に行きたいと。

何をやりたいのか訊いても「なんとなく音楽業界でやりたいんです」っていう人が多い

んですね。つまり、音楽関係といっても仕事はいっぱいあるわけだけど、実際にどんな仕事があるのか、そこで何をするのか、ということを知らないわけです。プロダクションやレコード会社についてもよくわかっていない。昔から比べるとレコード業界に魅力がなくなっているからかもしれませんね。われわれの時代はレコード業界もカッコよかったし、たぶんペイもよかったと思うんです。なにしろ華やかだったしね。

そういう感じですから、まず前段として、**音楽でメシを食っていくにはどんな方法があるか**、ということから説明することになります。

音楽の仕事には三つのポイントがあると思うんです。**ひとつは自分がスターになること**。これは表に出る人ですね。それから表を支える裏の仕事。これは、**作詞・作曲家、アレンジャー、プロデューサー**といった人々。これは裏といっても正確には裏じゃない。「表の裏」ということになるでしょうか。

そしてもう一つは、ほんとうの裏。**たとえば音楽プロダクション、レコード会社、プロモーター、ライブの制作会社**などです。

いってみれば、音楽業界にはスターがいて、それを支える脇役がいて、そして、バックヤードともいうべきレコード会社やプロダクションとその経営者がいる。この三つしかないと思うんです。

スターになる人というのは、シンガーソングライター、アーティスト、ミュージシャンと呼ばれる人。あくまでも自分で勝負するというのが一番いいと思うんですが、なかなかみんなそうはなれないから、表の裏にまわることもある。たとえばバンドだったら、やっぱりボーカルで曲を書いてるやつが目立っちゃう。歌が歌えなくて、フロントにも立てないとなると、バックミュージシャンを仕切るとかね。

ミュージシャンの場合は基本的には詞と曲が作れたらいいんですけど、最低限、作曲とアレンジはできたほうがいい。アレンジができれば、いま花形のサウンドプロデューサーになれるかもしれない。ユーミンでいうところの**松任谷正隆**さんとか、中島みゆきでいうところの**瀬尾一三**さんのようになって、楽曲制作の全責任を担うリーダーとして君臨するとかね。

ミュージシャン希望ではなく、裏側で出世したいのなら、レコード会社に入ってプロデューサーになるとか、幹部を目指して頑張るとか、あるいはプロダクションに入って、そこでのし上がってオーナーになるという方法しかないと思うんです。

若者に人気のライブ制作とイベント会社

レコード会社の内情については第2章でも話しましたけれど、いまでもレコード会社に就職しようと思うと、なかなか〝狭き門〟ではある。でも昔ほどではないと思う。というのは、かつてレコード、CDといえばレコード会社が出すものと決まっていた。自主制作というのもあったけど、メジャーなレコード会社から出さないとマスコミもとりあげてくれませんでしたからね。本だって、やっぱり出版社から出さないとね。自費出版だと一段低く見られますから。いまはそれが変わってきていますよね。インディーズだろうがメジャーだろうが、わからない。昔よりもレコード会社の権威が下がったということでしょう。

それに実際の音楽制作ということになると、現場を仕切っているのは外部のサウンド・プロデューサー。だから純粋に音楽が好きな学生はライブ制作の仕事を志向する傾向が強いようですね。レコード会社でスケジュールや予算管理をするよりも、音楽の現場にいたいということなんでしょう。

たしかにイベンターやライブの制作会社に行きたいという学生が増えています。とくに専門学校の学生に希望者が多いですね。彼らの大半がＣＤや配信よりも、ライブでアーティストのパフォーマンスを見て、音楽の仕事をしてみたいと思ったそうですから。ある専門学校生の話だと、ライブ会場でスタッフが着ているお揃いのＴシャツがカッコいいみたいね。

仕事としてはＰＡ（音響）と照明をやりたいんですね。彼らにとっては、ライブ制作の現場がいちばん手っ取り早いんですよ。ライブハウスなら割と簡単に仕事を覚えられる。同じ裏側の仕事でも、レコーディング現場となるとやっぱり大変じゃないですか、ミュージシャンにはうるさい人たちが多いから。だからいまの若い人たちっていうのは、一流のレコーディング・エンジニアは目指さない。とりあえず自分が愉しめる仕事に就きたいという発想ですよね。

それはそれでいいと私は思ってるんです。どんな仕事でも、最初は「とりあえず」からスタートするわけですから。**自分を磨くのは、その後**なんですよ。やっぱり勉強していかないとコンサート制作でもチーフにはなれないし、一流のアーティストに就くこともできない。いずれにしても勉強は必要ということです。

制作会社でも人手が足りないのはたしかです。現場はキツイ仕事が多いから辞めていく人も多い。一回来ても、翌日は来なかったり。電話しても通じないとかね……。門戸は開かれているけど、持続していくのが難しいということですよね。それを言ったらどんな職業も同じですけども。

困るのは「何も観ていない、何も聴いていない」こと

私が教えている大学（尚美学園大学）にはアーティストを養成するコースもありますが、やはり決め手になるのは本人の才能ですよね。知識やテクニックは教えられても才能だけは伝授することができない。だから**アーティストを志す人は、まず自分を知る**ということです。ところが、これがなかなか難しいんですよ。

いろいろなところで書いてきたけど、私も東京に出てきたときには歌手を目指していた。歌謡学校に通って歌のレッスンも受けていたんだけど、先生から「君には音感がないから歌手はあきらめたほうがいい」と引導を渡されてね。それはショックでしたよ。自分に才能がないなんて認めたくないですから。

これで思い出すのは将棋の芹沢博文さん。芹沢さんは高柳敏夫門下で中原誠さんの兄弟子にあたる人で、いつかは名人になるといわれていたんだけども、けっきょく名人にはな

れなかった。酒と女に身を持ち崩してね。本人がおっしゃっているんだけど、やっぱり将棋指しはみんな名人を目指すわけです。でも、ある時期にきたら「自分は名人にはなれない」ということを悟らなくちゃならない。それはもう大いなる挫折にちがいないんだけども、大切なのはその後の生き方なんだ、と。

そういうことなんですよね。自分を見切るというか、自分はどんな世界に適しているのか、自分は何が得意なのか、どの位置がベストなのか。自分の居場所を見つけられるかどうかがポイントになるんだと思うんですよ。自分は認めたくないんだけど、それを認めないといつまでもズルズルいっちゃう。それでけっきょく、最後までウダツが上がらないというケースもあるわけですよ。

それからね、これは表を目指す人も裏を目指す人でも同じなんだけど、ひとつは「**もっと自分をアピールしろ！**」ということ。

学生にはよく言うんだけど、君たちバンドをやってるんだったらデモテープの一本も持ってきなさい、と。「持ってくればオレは聴くから」って言ってるんだけど、持ってくる生徒は少ない。そうじゃなくて「あの教師は使える」と思ったら、手を変え品を変えてドンドン持ってきなさい、と。ただ黙ってても誰も認めてくれない。もっともっと自分をアピールしないと。

徳永英明さんから聞いた話ですけど、彼はどうしてもプロになりたかった。でもツテがない。それでテレビ局の近くの喫茶店でバイトして、お客さんが「領収書ください」と言ったときに、宛名が業界関係だったら、その場で歌を録音したカセットテープを渡したそうですよ。つまり、いつでも渡せるように準備しているわけですね。学生たちには「そのくらいの心構えがないと無理だよ」と言ってます。

それともうひとつ、私が知ってる学生たちは**圧倒的に勉強が足りない**。ここでいう勉強は学校で習うような勉強のことではありません。学校で教えてくれるのは「知識」であって、これは「修業」なんです。修業のあとに、何かについてもっと知りたい、何故これはこうなるんだろう……という疑問を抱いたところから、ほんとうの勉強が始まるんですよ。

音楽業界を目指すのであれば、やはり音楽についてもっと勉強してほしいと思います。といっても最初はどうやって勉強したらいいのかわからない。そのために本を読んだり、先人の話を聞いたり、これは重要だと思ったらメモしておく。そこに触発されて、自分の思考をどんどん拡げていくということです。これを積み重ねていって、疑問に感じたことを調べてみたり、取材してみたり、先生や先輩に訊いてみたり……。それが、ほんとうの

講義中の富澤一誠

勉強だと思うんですね。

もちろん、知らないことがあるのは仕方ない。知らないことは私たちが教えるわけですから。ただね、講義のときに「先週は何を勉強したの？」と尋ねても、誰も答えられない。先週のことは何も覚えていないわけ。**見えてはいるけど、何も観ていない。聞こえてはいるけど、何も聴いていない、**ということなんですよ。

とくにミュージシャンを目指す人にはもっと勉強してほしい。たとえば自分の作った曲を斬新だと思うでしょ。でも大概のことは昔のミュージシャンがやってるんですよ。それを知らないで「自分の曲がいちばん新しい」なんて思ったら、こんなに恥ずかしいことはありません。洋楽でも邦楽でも、昔の曲を徹底的に聴く。これも勉強のうちです。それで私は大学の講義でも「ポピュラー音楽／音楽と社会」というテーマを設けて、ニューミュージックの歴史について集中的に教えているわけです。

冷めないうちに感情をカタチにする

さきほどの自己アピールの話にも通じるんだけども、自分をアピールするためにはミュージシャンだったらデモテープを聴かせるとか、制作する立場の人なら企画書を作って提出するとかの手段があるわけですね。

それで学生にいつも言っているのは、「君たちはテレビを見て面白いと思う?」「面白くないだろう」と。じゃあ「面白くなかったらどうする?」って訊くと、その先がないわけ。ボクの場合は、テレビを見ていて**「こういう番組があったら面白いのにな」「俺だったらこういう構成で番組を作るのに」**って、すぐに思う。つまりテレビを見ながらでも、その場ですぐ考える。これが企画の芽になるわけですよね。これをいろんな人に相談して、アイディアが実現するように話を進めていくというやりかたを私は何十年もやってきた。

だから学生たちにも、君たちだって「面白くない」とか「こういう歌があったらいいな」とかって思うだろう、と。だけど、たとえそう思っても、寝て起きて忘れているようじゃ先はない。そこからは何も生まれないよ、という話をするんです。

表現者とは何かというと、言葉にできない熱い想いが湧き出したときに、どうすればその想いを表現できるのかを模索して、実践する人なんです。

小田和正さんの「**言葉にできない**」の「♪ラララ〜」なんですよ。あそこは想いが余って言葉には換えられないから「ラララ〜」になる。**ドリカム**の「Ｌｏｖｅ Ｌｏｖｅ Ｌｏｖｅ」は「♪ル〜ル〜ル〜」なんですよ。あそこに言葉を入れても、あの想いは伝わらないんです。もっといえば、由紀さおりさんの「夜明けのスキャット」、さだまさしさんの「北の国から」もそうですよ。

だから何かの感情が湧き上がってきた瞬間に、文字で書くなり、絵を描くなり、メロディを作るなりしなくちゃいけない。明日では遅いわけです。それができるか、できないか。表現者になれるか、なれないかは、そこの差だと思うんです。それができる人はアーティストとしての素養がある。

たとえば怒りの感情だってそうでしょう。明日になったら鎮静してしまう。昔、長渕剛さんが「順子」である程度売れてきた頃に、

「すいぶん売れちゃったから、もう曲なんか作る気になれないんじゃないの？」と訊いたら、彼は「いや違う」と。

「じゃあ、どんなことをきっかけに曲を作るの？」と畳みかけたら、

「俺には怒りがある。社会に対する怒りとか。だから『この野郎ッ！』って、ムカッときたときに曲ができる」

まさしくそういうことだと思う。岡本太郎さんの「芸術は爆発だ！」と同じで、ムカッときたときにそれを表現するのが芸術なんですよ。

だから何かきっかけがあって、たとえば感動的なシーンをスポーツで観たり、すごく感動的な映画を観たり、本だったり、景色だったり……なんでもいいんだけど、何かに触発されて自分の感情が動いたら先延ばしにしない。その爆発するような熱い想いを寝かしちゃダメなんですよ。寝かしたら冷めちゃうから。

教育者の立場で富澤が語る「当世音大生気質」には、かなり厳しい言辞が含まれている。これらは学生たちに向けられた言葉なのだが、同時に逼塞感のただよう現在の音楽業界へのメッセージとして受け取れないこともない。

曰く、勉強しない、アピールが足りない、手っ取り早い仕事を選ぶ。どれもが意味深長な音色を帯びて、われわれの心奥に響いてくる。無論こうしたメッセージは富澤一誠の言葉ゆえに説得力を持つのだ。

富澤はたいそうセッカチな人である。寸暇を惜しむように、読み、聴き、模索して、精力的にアウトプットする。

そうした仕事術を五十年近くも実践してきた富澤にその理由を尋ねたところ、こんな答えが返ってきた。

明日じゃダメなんですよ。いますぐ動かないと――。

明日では遅い！

私が大学一年の頃だったと思いますが、あるテレビ番組でイラストレーターの黒田征太郎さんが大勢の若者をまえにして黒板にイラストを描いていた。

そのとき若者のひとりが「それくらいのイラストなら俺にも書ける」と言ったんです。「だったら描いてみろよ」と黒田さんが言い返すと、その若者が「いますぐ描けっていわれても無理です」と答えた。その瞬間、黒田さんは烈火のごとく怒って、「いま描けないんだったら黙ってろ。いま描けといわれて、いますぐ描けないヤツが、いつか描けるわけないだろう！」とおっしゃったんです。

この言葉が当時の私の心に矢のように刺さったんですね。つまり、**「やれ！」といわれたらすぐにやるのがプロであると。**その日以来、私は「いまやれ！」といわれたら、すぐに応えられるように自分を鍛えてきました。

ビジネスの現場で「いつか」はダメなんですね。すぐに相手の要求に応えられるようにしておかないと。

二十代の頃、雑誌を中心に仕事をしていた時代には、**常に二〜三本の企画を持ち歩いて**いましたよ。編集者に「何かいい企画ない？」と訊かれると、「これはどうでしょう？」とすぐに企画書を出す。相手があまり乗り気じゃないようなら「じゃあ、こういう企画もありますよ！」と間髪を入れずにもう一本の企画書を差し出すという具合です。

だけど、この作戦にはコツがあって、初対面の相手にはこの手を使わないほうがいい。逆に軽く見られるおそれがありますから。どうするかというと、いったん帰って出直すんです。敢えてそうすることによって、相手に期待を抱かせるわけですよ。

こうして書いた企画書には、相手の望んでいるものを盛り込む。真剣に打ち合わせをしていれば、相手が何を望んでいるかはわかるわけですから、相手の希望に沿って書けばいいということです。ただし、ここでポイントになるのは、相手の望んでいるものだけじゃなくて、そこにプラスアルファの要素を加えることです。ここまでやると大抵の企画は通る。よしんばNGでも、一連のやりとりを通じて相手とのあいだにある程度の信頼関係が生まれているはずですから、次から次へと新しい企画書を持っていけばいいんです。

これを実践することで、相手は確実に自分の存在を認めてくれるようになります。そのためには明日ではなく、すぐにアクションを起こす。いってみれば、これが「セルフ・プロモーション」の要諦なんです。一週間も間をあけたら相手は自分のことなんて忘れてしまいますから。とくに新人の場合は**「すぐ行動する」「明日では遅い」という心構え**でやってほしいと思います。

教育現場に立つことで、あたらめて自己アピールの足りない学生が多いことを実感したという富澤だが、それは同時に「アピールの方法」がわからない若者たちが増えているということだろう。「方法さえ見つかれば、あとは実践あるのみ」と富澤はいう。

事実、富澤は即戦型のセルフ・プロモーションを実践することで「日本初のフォーク&ニューミュージック評論家」としてデビュー。やがて音楽業界の一角に確たる地歩を築くことになったわけだが、それだけに「ここ数年、音楽ジャーナリストを志望する学生が少なくなった」ことに複雑な表情を浮かべる。

音楽雑誌が不調な理由

私が教えている学生にも、まず音楽ライターを目指している学生はいませんね。需要の問題もあると思うんです。たとえばクラシック系なら音楽理論を勉強した人がC

Dのライナーノーツを書くという道もあるけど、Jポップの場合はライナーなんてないし。少なくとも憧れの職業ではないんじゃないですか？

七〇年代までは私の本を読んで「音楽評論家になりたい」という若者が自宅まで訪ねてくることがあったし、私の周りにもライター志望の若者がいて、そうした人材を出版社に送り込んだこともあったけど、いまは出版社側にそういう需要がないから。ライター志望者がいたとしても、彼らをどう食わしていいかわからない。アシスタントとして使うとか、そういう感じになっちゃう。

それでも音楽評論家や音楽ライターになりたいのであれば、いちばんオーソドックスなのは、やっぱり出版社に入ることでしょうね。音楽雑誌を出していなくても、ここで編集の仕事を覚え、文章修業をしておくことは無駄ではない。あるいは音楽の配信プロダクションに入る。これが王道じゃないですかね。それでいずれはフリーランスになるという流れです。いきなりフリーランスでは食えませんから。

われわれの時代は音楽雑誌が主流だったけど、いまは『音楽ナタリー』とか新しいメディアが出てきてるから、どっちにしてもそういうところに入るしかないでしょうね。

私たちの頃は音楽雑誌が確立されていたわけですよ。『新譜ジャーナル』『ヤングギター』

とか『ガッツ』とか。情報源はここだけだったわけですからね。ということは、ここで何かをやればどうにかなったんですね。映画でいえば、『キネマ旬報』『スクリーン』『ロードショー』という雑誌で認められればどうにかなった。

当時は過激な批評に対する反論も誌上に掲載されたりして、論争になったこともありましたけれど、いまは論争自体が成り立たなくなっちゃった。だからファン雑誌のほうが売れるようになって、逆に当時の『新譜ジャーナル』のような辛口の雑誌がダメになっていったわけですね。昔は書店に行くと音楽雑誌が平積みになってたけど、最近は棚に数冊という感じでしょう。寂しい限りですよね。

いまはインターネットの時代ですから、ウェブやブログに音楽評を書いている人がいっぱいいますよね。なかにはフォロワーが何万人もいる書き手がいるけれども、だからといってその人の本が売れるとは限らない。そこが難しいところなんです。

もっとも、いまは簡単にネット上に自分のページを起ち上げることができるんですから、書きたい人にとっては**発表の場がたくさんある**わけです。その意味ではわれわれの時代よりも恵まれた環境にいるといえます。才能があれば書いているうちに注目されるだろうし、やがて筆名が知られて注文がくるかもしれない。

ミュージシャンだって、みんなそうです。米津玄師だってニコニコ動画に作品をアップして、やがて誰かが注目する。ルートは昔と違うけれども、その気さえあればチャンスはあるということです。そのチャンスを切り拓くのは、もちろん本人の努力次第ですけど。

富澤の話に耳を傾けていると、そもそも現代のリスナーが「音楽批評を求めているのか？」という疑念が脳裡をかすめてくる。

言葉を換えれば、いまの時代に「音楽批評は必要なのか？」という素朴な疑問である。

音楽批評は必要とされているか？

いまは音楽批評そのものがないんじゃないですか？

昔は批評を掲載するメディア自体に力があった。たとえば『新譜ジャーナル』という雑誌自体に価値があったので、その土俵に乗るということがスゴイことだったんです。そのなかでどれだけ同業者にはない鋭い角度で批評を書くか、これが闘いだった。いまはそうじゃなくて、メディアという土俵がなくなっちゃった。「じゃあ、どうするの？」となったときに、かつての権威ある土俵じゃなくて、ワケのわからない土俵のうえで目立つかどうかという話になっている。そこが昔と大きく違うところじゃないでしょうか。

たとえば『レコチョク』で、私は二週間に一回ぐらいのペースでプレイリストを発表してるけど、富澤一誠が選ぶナントカということで、けっこうアクセスがあるわけですよね。そういう感じになってる。ヤフーにも頼まれて何本かやってるけれども、これは締切があって無いに等しいんですよ。そうするとやっぱりね、なかなか締切がないと書かないんですよね。だから、ここしばらく空いちゃってますけど……。

雑誌の場合はデッドラインというのがあるから、間に合わなかったらアウト。それがウェブだったら「別にいいんじゃない？　ついでに書けば」ということになっちゃう。それに慣れちゃうと、どんどん記事が空いちゃうし、読者の信頼を裏切ることにもなりかねない。

新聞の音楽評でも、かつては新聞というメディアの価値が高かったから、たとえば朝日新聞のライブ評とか、読売ならここ())とか毎日ならここ())とか、批評欄が全紙にきちんと確立されていた。それがいま段々と地盤沈下してきている。私は毎日新聞にレコード評を書いてるけど、どうなんですかね。昔は新聞にレコード評が載ると実際にCDが売れた。いまは新聞を定期購読している人自体が少ないし、すでに新聞というメディアの価値観が違ってきちゃったんですね。

七〇年代にはかなり過激な批評もあって、評者が新譜をこき下ろすというケースも見られたものだ。

その頃に比べると、いまは「褒めてばかりのCD評」が圧倒的に多いような印象を受けるのだが……。

淀川長治さんじゃないけど、否定的な批評を書くんだったらいい作品を褒めてやったほうがいいと思う。わざわざ良くないものを採り上げて、貶す必要もないし。だから自分がやってるラジオでも、いいと思ったアーティストにゲストとして来てもらうわけですから。ひどいゲストを呼んでおいて「これ最悪だね」という話でもないですよね。

大宅壮一も書いてるけど、そもそも批評というものには「売れてるやつを斬る」か、「これからの人を持ち上げるか」のどちらかしかないわけです。**いまの私のスタンスは「音楽のスポークスマン」**ですから、自分の好みは別として、売れてる曲を否定する必要はない。売れている曲というのはビジネスとして成功してるわけですから、それなりの理由があるわけですよ。

ただ何度も言ってるように、「売れている曲＝いい曲」ではないし、「いい曲＝いい歌」ではないということです。**「売れてないけど、いい歌はいっぱいあるよ」**ということは、これからも声を大にして伝えていきたい。それが私の使命でもあると思っているので。

たしかに「俺はNO！」という時代もありましたよ。あれはあれで、そういう時代のなかで評論家とミュージシャンがお互いに切磋琢磨していたということです。

いまはアーティストに対するときも、自分は評論家というより「誰も引き上げてくれないんだったら、自分がこの人を引き上げてあげよう」という立場で接している。どうしたらこの歌を多くの人に知ってもらえるか、その実践に入っちゃってるわけですね。

だから私がプロデュースしている《Age Free Music》にしても、「時代はいま良質な大人の音楽を必要としています！」というメッセージは音楽評論家として言ってるんですよ。これを誰かがやってくれればいいけど、誰もやらないから自分でやってるわけです。まあ、このメッセージを世間に知らしめるには、いま進行しているプロジェクトのなかでヒットを出すしかない。これも評論から実践に入って十年になるので、そろそろ結果を出さなくてはいけないと思っています。

日本の音楽ジャーナリズムに対する富澤の懐疑的な発言には思わずドキッとさせられる。しかし、富澤は三十年以上もまえの著書のなかで、すでにこの問題に触れているのだ。一部を引用してみよう。

《残念ながら、ボクは（日本に）真の音楽ジャーナリズムは存在しないと思っている。なぜか？表面的にはもっとも自由でしなやかに見えるニューミュージック界だが、売れているアーティストに帰属してしまうという悪しき風潮——事大主義があるからだ。まずアーティストの周囲のスタッフが自分の思っていることを言えなくなってしまう。そのために、アーティストは〝お山の大将〟になり、自分自身を見失いがちになる。そして始末が悪いのは、アーティストの威光を借りたキツネたちが、第三者（評論家やライター）に対してもアーティストに帰属するように強制してくるということだ》

（『もう一歩の勇気で自分が面白く生きられる』大和出版）

かつて富澤の書く批評は「音楽評論」ではなく「音楽生きざま論」と呼ばれることが多かった。

これは作品よりも表現者の生きざまにスポットを当てた変則スタイルの評論のことだが、右の引用文を読むと、業界にはびこっていた事大主義の弊害から逃れるための方便として、富澤はあえて変則スタイルの評論へと筆先を向けたのではないか。

そんな気さえしてくるのだが、これは穿ち過ぎというものだろうか？

水の流れのように……

けっきょくのところ音楽というのは言葉で語れないわけです。言葉で語れないからこそ音楽があるといってもいい。

どんなにいい歌があっても活字からは音が流れてこないわけで、百の批評を読むより音を一度聴くほうが強いわけですよね。それを承知のうえで音楽を言葉によって語るとすれば、人間があって歌があるわけですから「**その歌を生み出した人間を語ればいいじゃないか**」ということに気づくわけです。そこで私はどうしたかというと、いわゆる一般の音楽批評ではなくて「**音楽生きざま論**」という方向へ舵を切った。というよりも、必然的にそうなっていったんですね。

もっと具体的にいうと、当時の私が批評の対象としていた「フォーク」は、あくまでも自己訴求のための音楽だったわけです。世間に対して強く訴えたいものがあるからこそ、彼らは詞や曲を書き、歌っているわけですよね。だから、まず人間があって歌があるのであって、歌があって人間があるわけじゃない。逆にわれわれリスナーは、その楽曲を聴くことによって、作り手の人間性や生き方、哲学にまで触れることができるわけです。

だから私が書いてきた音楽批評というのは、生きているアーティストの「生きざま」とその人物が作り出した音楽を鏡にして、同時に私自身の生きざまを描くことになる。ボクは歌謡曲の批評を書かなかったけれど、その理由もここにあって、対象をフォークにしぼったのは、自分で詞や曲を書いて自分で歌うシンガーソングライターでなければ、この「生きざま論」の論理に合わないから。

いま振り返ってみれば、けっきょくは対象を語りながら自分自身の生きざまを語っていたわけですね。だから私の音楽評論は「音楽生きざま論」と呼ばれたわけです。もっとも、その時代は一九八〇年まで。九〇年代からは音楽の主潮がビート、リズム、サウンドのリテラシーへと変わっていきます。それを語ろうとすると、やっぱり活字だけでは限界がある。

そこで私の活動圏にも音が入ってきて、映像も入ってくるようになる。九二年からラジオ番組をはじめて、やがてテレビ番組にも出演するようになったわけですね。ここ十数年はさらにライブの世界へも足を踏み入れて、《Age Free Music》のイベントをプロデュースして、ナビゲーター役を務めたりもしています。

こうして見てくると、時代の流れに沿って活動のベースを広げながら、水のように流れてきた。というか、なかに入っていた水があふれてきたから器を変えていった、というのが実感です。結果的には活字だけでなく、音や映像を効果的に使うことで、伝えたいメッセージがより広範囲にまで届くようになった。とくに映像の力はすごい。

あくまでも私の使命は「いい歌を大勢の人に聴いてもらう」ことですから、そのためには活字にとどまらないで音や映像を縦横に駆使する。ときにライブによって生の声でメッセージを伝える。評論家デビューしてから間もなく五十年になるわけですが、そのうちで評論家として成立していたのは二十年間ぐらいしかない。活字よりも電波メディアのほうが長くなっちゃった。変えようと思って変えたわけではなくて、自然に変わっていった。

逆に活字だけだったら五十年も持たなかったでしょうね。ほんとうにそう思います。

第5章 最後にこれだけは言いたい

二〇二〇年四月現在、世界は新型コロナウイルスの感染拡大による未曾有のパンデミック状態におかれている。

日本でも緊急事態宣言の対象地域が全国に及び、事業の継続や雇用の維持に対する懸念は強まる一方だ。

不要不急の外出自粛が求められるなか、音楽や演劇などのライブエンターテインメント業界も深刻なダメージを受けている。

この状況を富澤はどう見ているのか——?

いまこそ音楽のパワーが求められている

政府からはじめてイベントの自粛要請が出たのが二月。コンサート関係者は大混乱をきたしました。自粛要請という言葉をはじめて聞いたわけですから、どう対処していいかわからないわけです。自粛命令なら興行を中止せざるを得ないけど、要請という言葉は微妙です。中止にすればチケットを購入したファンからの非難は避けられないし、といってライブを断行すればこれはこれでバッシングされる。

そうこうしているうちに世界中で新型コロナウイルスの感染者が急増して、日本では学校が休校になるし、不要不急の外出自粛を呼びかける声が次第に高まっていって、ついに「非常事態宣言」が発令された。こうなると、ライブ産業はまったくのお手上げ状態です。

もちろん今回のコロナ禍で被害を受けた業界はエンタメ関係だけじゃありません。売上が何パーセント減少したという悲鳴はあちこちから聞こえてきます。だけどライブ業界というのは興行が成立しないと売上はゼロなんです。しかもそれだけじゃなくて、ステージ制作に要した費用や外国人アーティストの場合はキャンセル料が発生するケースもあるから、莫大な経費がすべて損失に転じてしまうわけです。

コンサートプロモーターズ協会が三月に発表した損害の類推額はおよそ四五〇億円となっていますが、この金額は自粛要請が出た二月二十六日から一カ月間の数字でしかない。パンデミックの終息が見えていない状況のなかで自粛要請がこのままずっと継続したら、被害総額は想像を絶する金額になると思います。

被害額はすでに東日本の震災時を越えているといわれているけれども、あのときは復旧の道筋が見えていたから、まだ踏ん張れた。今回のコロナ禍に関しては専門家のいろいろな意見はあるけど、いつ終息するかわからないという不安がある。自粛要請が六月までなのか、夏までか、もしかしたら年内一杯ということだってあり得る。そうなったら、ライブ産業は壊滅的な状況に追い込まれるということです。

イベント会社だけじゃなく、ライブやイベントには何十人、何百人という人々が関わっているわけですね。実際にステージのフロントで歌うアーティストやバックミュージシャン以外にも、裏側でいったら舞台監督、ＰＡ、照明、大道具さん、美術スタッフなどステージを設営する人たち。さらにスタイリストやヘアメイク、撮影クルー。これに各ポジションのアシスタントまで含めれば大変な人数になるわけです。しかもこうした職業の人たちにはフリーランサーが多いですから、興行が中止になればたちまち生活が困窮してしまいます。

収入源のほとんどをライブやコンサートに依存しているアーティストたちにとっても死活問題です。先日、私がやってるラジオ番組のゲストにサーカスが来たので、彼らの大ヒット曲「アメリカン・フィーリング」をかけたんです。そうしたら、みんな曲を聴きながらハモるんですよ。最近はライブがキャンセルになって歌う場所がないから、とにかく歌いたいんですって。この心境はとてもよくわかりますね。

なかには無観客ライブを有料配信しているアーティストもいますけど、採算ベースに乗せるのは難しいようです。ただ、こんな非常事態のときですから、ビジネスとは別にアーティストのみなさんにも奮起してもらいたい。歌には社会を変えるだけの力があるわけですから、いまこそ音楽のパワーを全開にして国民に希望のメッセージを届けてほしいと思うんです。

たとえば**星野源**さんや**佐野元春**さんは動画配信を利用して、自宅待機を強いられている人々を励ましたり、コロナ禍で疲れた国民を鼓舞する歌を発表したりしています。その意味で、**いまは音楽の底力を日本中にアピールする絶好のチャンス**といえるかもしれません。

音楽業界の構造的欠陥を是正するチャンス

今回のコロナ禍は経済もふくめて日本中のあらゆる産業が打撃を被っているわけですが、こと音楽業界に関していえば、これまで蓋をしてきたさまざまな問題がはからずも露呈されることになった。どういうことかというと、この本でも再三指摘してきたように、音楽業界はこれまで穴があいて水が漏れたところをとりあえず埋めるという、応急措置を繰り返すことでその場をごまかしてきた。

つまりＣＤバブルが崩壊して以降、抜本的な解決策を見出せないままに、ＣＤが売れなくなったら握手券を封入する、ＣＤ不振の救世主といわれた配信も期待したほどには伸びていない、いまや音楽産業はライブやコンサートなどの興行収入によって辛うじて持ちこたえている状態です。

こうした事態を招いた最大の原因は、なぜCDが売れないのか、なぜ配信が伸び悩んでいるのか、という根本的な問題の分析を怠ってきたことです。

自粛要請でライブやコンサートが開けなくなった。じゃあ、CDはどうかというと、CDの売上まで下がっている。ふつうに発想すれば、実演で聴くのが無理ならCDでも聴こうかということになるでしょう。それでもCDが売れない理由は何かといえば、握手会が中止になっているからです。

もはやCDの価値は楽曲ではなく、握手券にあるということですよね。CDをグッズ化してきたレコード会社の思惑が、コロナ禍のなかで予想もしていなかった形になって顕れてきているわけです。

じゃあコロナ禍が終息すれば、それでライブ産業は立ち直れるのかというと、そう簡単な話ではありません。会場をめぐって熾烈な争奪戦が起こる。オリンピックの延期によって開放される会場が増えるといっても、数は限られていますからね。

このまま自粛要請が長期化すれば、間違いなく日本の音楽産業は壊滅的なダメージを被ることになるでしょう。でも**問題はコロナ禍の終息後**なんですよ。ここで音楽業界全体が変わらなければ復旧は望めないかもしれない。私が思うのは、今回のコロナ禍を業界再生のためのチャンスにすることです。**ピンチはチャンス**ですから。

そのためには、**これまで放置してきた業界の構造的欠陥にメスを入れる**ことです。総論賛成、各論反対という態度を改め、これまで述べてきたようなさまざまな問題点に**優先順位をつけて、きちんと白黒をつけていく**ということなんだと思います。「そもそも音楽は必要なのか?」という原点に立ち戻って、人々が音楽を必要としているのであれば、われわれは何をすべきなのか?――そうしたことをあらためて考えるいい機会かもしれません。

いまこそ音楽業界が抱えてきた構造的欠陥を見直すチャンスだという富澤。教育現場でも、今回のコロナ禍によって見えてきた問題があるという。遠隔授業を阻む「著作権の壁」である。

コロナ禍で問題視される著作権の壁

われわれが大学の講義をするときに使うテキストや資料がありますね、たとえば私の場合だったら、ニューミュージックのＣＤを聴かせたり、映像を見せたり、歌詞をコピーして学生に配ったり。だけど、これらは著作物ですから本来は著作権者に許可を得なければならないわけです。でもいちいちそんなことをしていたら手続きが煩雑で、とてもじゃないけど無理。

そこで現行の著作権法（第三十五条の条件制限）では、大学や専門学校といった教育機関での対面授業（学生と向かい合っておこなう授業）に限って、必要と認められる限度において著作物を無許諾、無償で利用できるようになっているんです。

ところが今回の新型コロナの感染拡大でキャンパスを閉鎖する大学が相次いで、しばらくは対面授業が不可能になった。そこでにわかにニーズが高まっているのがオンラインによる遠隔授業。つまり講義を撮影しておいて、その映像をネット上にアップする。これを学生が自分のＰＣなどで受信すれば対面授業と同じような教育環境が維持できるわけですね。

ところが、ここで厄介な問題が浮上した。簡単にいってしまうと、現行著作権法では対面授業をネットで同時中継する「遠隔合同授業」は問題ないが、同時中継でも学生のいないスタジオなどのスペースでおこなう授業、同時中継（リアルタイム）でないオンデマンド授業などでは、著作物を無許可で使用することができないのだ。

ということは、たとえば富澤がオンデマンド授業でニューミュージックの歴史を講じる際に、CDを聴かせることはもちろん、歌詞を朗読したり黒板に書いたりすることもNGということになる。

それで大学関係者は困惑してしまったわけです。許諾を得ないと教科書やテキストも使えないわけですからね。これじゃネット授業なんてできない。

ちょっとややこしいんですが、二〇一八年五月に成立した改正著作権法第三十五条には「授業目的公衆送信保証金制度」というのが盛り込まれたんですね。これは教育機関が指定管理団体に補償金を支払えば、「遠隔合同授業」以外の公衆送信でも著作物を使えるようになるというもので、二〇二一年五月の施行を目指して権利団体と教育機関のあいだで交渉がつづけられてきたんです。

そこに今回のコロナ禍が起きて、補償金制度が整備されてない現状ではネット授業ができないじゃないか、という声が教育現場から上がったわけです。結果、政府はこの制度の施行を前倒しして、今年（二〇二〇年）四月二十八日にスタートさせる政令を急いで閣議決定した。ところが補償金の金額を詰めるまでには議論が進まなかったのか、あるいはコロナ禍対策の一環なのか、二〇二〇年度に限って補償金をゼロにする特例措置をとったんです。

これでとりあえずはネット授業がおこなえるようになってよかったね、ということでもあるんですが、私が問題だと思うのは**「著作権」をめぐる法整備がいつも後手後手にまわっているように感じられることです**。とくに現在のように著しくIT化が進んでいる社会環境のなかで、いかにして著作者の権利を守るか。あらためて考え直す時期にきていることを強く感じます。

著作権をめぐる問題といえば今年（二〇二〇年）二月、音楽教室における楽曲演奏の著作権をめぐって、ヤマハ音楽振興会などの教室事業者がＪＡＳＲＡＣ（日本音楽著作権協会）を訴えた裁判の一審判決が音楽業界で話題になった。

この裁判について共同通信は次のように報じている。

音楽教室でのレッスン演奏を巡り、楽曲の著作権使用料を支払う義務があるかどうか争われた訴訟の判決で、東京地裁は二十八日、「著作権法上、支払いの対象だ」と判断した。その上で、作曲者らの委託を受けた日本音楽著作権協会（ＪＡＳＲＡＣ）を相手取り、使用料の徴収権限がないことの確認を求めた教室運営者側の請求を棄却した。教室側は控訴する方針。

ＪＡＳＲＡＣによると、徴収は個人教室を除き、全国約七〇〇の事業者が開設する約七千の教室が対象。今年一月末時点で徴収額は年間六〇万円にとどまるが、契約が進めば最大一〇億円になると見込んでおり、判決が及ぼす影響は大きそうだ。

著作権保護の目的とは何か？

ＪＡＳＲＡＣが音楽教室を訴えたんじゃなくて、音楽教室がＪＡＳＲＡＣを訴えたということですから、ある意味で異例の裁判といえるかもしれませんね。

ＪＡＳＲＡＣの本音としては、音楽教室は営利目的だから楽曲の演奏料を払えということでしょうが、ひとつポイントになるのは著作権法にある「著作者には自分の著作物（この場合は楽曲になるわけですけど）を公衆に対して演奏する権利を有する」という条文をめぐる解釈ですよね。ＪＡＳＲＡＣは、自分たちが管理している楽曲を講師が音楽教室で歌ったり演奏したりする行為を「著作者の演奏する権利」を侵すものと判断したんでしょう。

ヤマハ側（音楽教室側）の言い分だと、演奏はあくまでもレッスンを目的としたもので公衆に聴かせることが目的ではない……ということで、ここが争点になったようですが、裁判長はこの音楽教室側の主張を棄却したわけです。

この判決については疑問の声もあがっていて、「講師がレッスンの場で歌ったり演奏したりするのは教育が目的だから、これに対して使用料を徴収するのはおかしいんじゃないの？」「生徒は講師の演奏を聴くためにレッスン料を払っているわけじゃないから営利行為には当たらない」「講師が歌う曲を聴いた子供たちがＪポップに目覚めたり、そのアーティストのファンになったりすることもあるだろう。そうなれば、結果として音楽産業の振興にも繋がるんだから使用料を徴収するのは筋がちがうのでは？」といった意見があることもたしかです。

しかし、ＪＡＳＲＡＣはあくまでも著作権法上の解釈を根拠にして、音楽教室での演奏は公衆をまえにした営利行為だから使用料を徴収します、という姿勢を崩していない。法律上の定義だと、特定少数以外は「大衆」として扱われるようなので、受講料さえ払えば誰でも入学できる音楽学校の生徒を特定少数として解釈するには無理があるようです。また、日本の著作権法には「教育目的ならば使用料は支払わなくてもいい」という条文はないそうなので、いずれにしても今回の裁判はＪＡＳＲＡＣ側に有利に働いたということですね。

ただ私が疑問に思うのは、音楽教室に著作権法上の問題があるのなら「何故いままで放置してきたのか？」ということなんですよ。ＪＡＳＲＡＣもＣＤが売れなくなったことで著作権使用料の徴収先が細って、いままで自動的に入ってきたものが入ってこなくなった。少なくなった分をどう取り返すかとなったときに、いままで目こぼししてきた分野からも徴収しようと。そんな感じがするんです。

目こぼしということでいったら、テレビＣＭだってそうですよ。ＣＭで（ＪＡＳＲＡＣが管理する）既成曲を使う場合には、出稿量にもとづいて使用料が発生するから、ものによっては一千万円単位になるケースがあるそうです。でも、新曲の場合は著作権免除の契約をすれば、何回使っても使用料がかからない。これだって考えてみれば如何なものかと思う。

だから今回の問題もお互いに一理はあるけど、ＪＡＳＲＡＣもそこまでやることはないと思うんですよ。もちろんアーティストの権利を守るのは彼らの重要な仕事だけれど、少なくとも音楽文化を広めていこうという意志のある組織なり団体なりに一律に網をかけるということであれば、私はどうなのかな、と思う。音楽教室が「NO」なら、音大や専門学校も「NO」という話になっちゃいますから。

今回の騒動を受けて、**宇多田ヒカル**さんは「どうぞ私の楽曲を音楽教室で使ってください」というメッセージを出しました。ほかにも同じような意見のアーティストはいますけれど、彼らはみんな音楽産業の行く末を案じているんですよ。

先ほどのネット授業の問題にも通じることだけど、**誰のための著作権なのか、何のために著作権を守るのか**。基本に立ち返って、いま一度考える時期でしょう。著作権問題を「聖域」という枠のなかに囲っておいてはいけないと思います。

スポーツと音楽

「俺にタブーはない！」と豪語するだけに、ときに厳しい論調を交えながら、現在の音楽業界が抱えるさまざまな病巣と、その処方箋について語ってきた富澤。

そして最終章となる本章では著作権をめぐる諸問題にも触れることになったが、その意図するところは、音楽業界はみずから築いた聖域に閉じこもるのではなく、あらゆる可能性を求めて社会の事象と寄り添っていかなくてはならない、ということだと思う。

そうすることで、音楽ビジネスはいままで以上の発展を遂げる。音楽と歌にはそれだけのパワーがある、というのが富澤の主張だ。たとえばスポーツ――。

スポーツと音楽というのは歴史的にも密接に繋がってきたんです。たとえばテレビ局には各局にそれぞれスポーツ番組のテーマ曲があって、メロディを聴いただけでどの局のスポーツ中継かわかったぐらい。作曲陣も錚々たる顔ぶれで、NHKが古関裕而、日テレは黛敏郎、TBSは服部逸郎、フジは長いことアメリカの古い行進曲「ライツアウト」でしたが一九八五年からは新田一郎の曲。テレ朝は神津善行といった感じです。

一回目の東京オリンピック（一九六四年）のファンファーレは今井光也という人の作曲ですけど、このたった八小節のメロディはいまも日本人の記憶に深く刻まれているし、**三波春夫**の「**東京五輪音頭**」も忘れられませんよね。札幌の冬季五輪（一九七七年）のテーマ曲になった「**虹と雪のバラード**」（**トワ・エ・モワ**）も大ヒットした。ちなみに今年開催される予定だった東京オリンピック&パラリンピックの公式テーマ曲も各局ほとんど出揃っていました。

いまはフィギュアスケート、陸上、水泳、バレーボール……どんなスポーツも音楽と切り離せません。フィギュアの場合はそもそも音楽に合わせてパフォーマンスを披露するわけですから、どんな曲が使われるのか観客も期待してるわけです。以前はクラシック曲が中心だったけど、最近ではポップス系をチョイスする選手もいるし。ということは**音楽業界にとってもビッグチャンス**なわけです。現にアーティスティックスイミングでは演技のテーマに沿ってオリジナルの曲が作られていますからね。

とにかくスポーツと音楽は親和性がきわめて高いということです。どんなスポーツにどんなアーティストが彩りを添えるのか、世の中の関心はとてつもなく大きいわけです。いま以上にスポーツと音楽がコラボすることで、まったく**新しいマーケットが誕生すること**は間違いないと思います。

新たなマーケット創成への期待

スポーツとコラボするといっても、ただスポーツイベントに便乗してテーマ曲をヒットさせるという発想では旧来のやり方と変わりません。本気で新しいマーケットを開拓するなら、スキームを根本的に見直さないと。その意味で、いまわれわれが直面している最大の課題が人材の養成なんです。

たとえば「アスリートと、どんな形でコラボレートしていけばいいのか？」となったときに、まずスポーツに精通したプランナーがいなければ何もはじまらないわけです。ある競技のルールに詳しいというレベルじゃなくて、その競技の歴史的背景や社会とのかかわり、アスリートの生理や心理にまで精通していなければ、本当の意味でのコラボレートはできないし、発想そのものがチープになってしまいます。

最近、引退したスポーツ選手が次々とバラエティ番組に出ていますよね。言葉は悪いけども、彼らのほとんどが添え物のような扱いなんですよ。メダリストにお笑いをやらせたり、町歩きのグルメ企画でタンタン麵なんか食べさせてどうするのっていう話ですよ。そんなことばかりやってたら、あっという間に視聴者に飽きられてしまう。少なくとも私はそう思うんですよ。

彼らは全員どこかしらの芸能プロに所属しているわけですよね。プロダクションも芸能人ばかりじゃ先細りになるから、文化人部門を設けて小説家、ジャーナリストなんかをワイドショーや報道番組のコメンテーターとして売り込むようになった。ここ十年ばかりはアスリートに力を入れているようですけど、セールス先がバラエティ枠ばかりじゃ話になりません。なかには同じ芸能プロの看板タレントと抱き合わせで売り込むケースもあるみたいです。つまり、タレント扱いなんですよ。

音楽業界でいうとエイベックスグループ系の芸能事務所（エイベックス・マネジメント）が、アスリート部門に力を入れています。清水宏保（スピードスケート）、ダルビッシュ有（プロ野球）、本田圭佑（プロサッカー）も所属していますが、こうした人材を今後どんなふうに活かしていくのか、私も大いに注目しています。

これからはアスリートに特化したマネージメント会社がもっとできればいいと思います。それには、やはりスポーツに詳しいマネージャーが必要になると思うし、そのための人材育成も急務です。

私が教えている大学（尚美学園大学）も、今年度から「スポーツマネジメント学部」を新設しました。ここではアスリートを育成するのではなくて、スポーツの世界をサポートする人材を育てるのが目的なんです。具体的にはスポーツをビジネスとして捉えた場合に必要不可欠となる、マーケティングやデータ解析、イベントやウェルネス事業のプランニングなどを中心に学ぶことになるわけですが、人々に夢と希望を与えるという意味では**ス**

ポーツも音楽も一本の地下茎で繋がっている。

手前味噌に聞こえるかもしれませんけれど、尚美学園大学はもともとが音大ですから、スポーツと音楽のコラボレーションを模索するには恰好の環境だと思っているんです。まだ未知数ではあるけれども、ここで学んだ学生たちが描くスポーツと音楽の未来図がどんなものになるのか、そこから生まれる新しいビジネスモデルに期待しているところです。もちろん、責任の一端は私にもあるわけですけどね……。

ビジネス・センスを持ったアーティスト、音楽も作れるスタッフがこれからは必要とされている！

これから劇的に変化する音楽業界において、時代の波をいち早く的確にとらえて、自由自在に乗りこなす〈時代のサーファー〉的な存在が求められている、と私は考えています。具体的に言うと、ビジネス・センスを持ったアーティスト、音楽も作れるスタッフというのがこれからの時代に求められている「アーティスト像」及び「スタッフ像」ではないでしょうか？

アーティストは、楽器が弾けることはむろんのこと、歌が上手く歌えて、なおかつ作詞・作曲・編曲能力にたけているだけではなく、プロデューサー感覚をも兼ね備えたビジネスマンでもなければ、これからの時代は生き抜くことはできないでしょう。つまり、ビジネス感覚をもったプロデューサー兼アーティストという〈マルチ・プロデュース・アーティスト〉でないと通用しないということです。曲を書いて制作するだけではなく、ビジュアル・デザインからMV制作にいたるまで、オールラウンドにこなせないかぎり〈アーティスト〉として存在し続けることは難しい時代に突入したということです。

一方、そんな流れの中にあって、プロデューサーの立ち位置も自ずと変わってきます。何でもできてしまう〈マルチ・プロデュース・アーティスト〉をプロデュースするには、これに対抗できるだけのキャリアを持っていなければなりません。これまでのプロデューサーは、音楽を作れないぶんを、音楽的知識などで補っていましたが、これからの時代においては、プロデューサーといえども、楽譜ぐらい読めて編曲もそれなりにでき、なおかつビジュアル・センスもあってMVぐらい演出できないと、アーティストと対等に仕事をすることはできないでしょう。そんなことを考えると、スタッフといえども、楽譜ぐらい読めて音楽が作れないと、アーティストを御すことはできないということです。もっと言えば、クラシックの素養を持ち、ジャズのフィーリングを兼ね備えたうえで抜群のポップス・センスを持ち合わせているというオール・フィールドなスーパーマン的な人がスタッフにも必要ということです。

いずれにしても、これからの音楽業界に必要とされている人材はこれまでとは違うということだけは確かです。かつて**吉田拓郎**は「**イメージの詩**」で「古い船をいま」と歌いましたが、まさに今、新しい船を動かせるのは、ビジネス・センスを持ったアーティスト、音楽も作れるスタッフ、なのではないでしょうか。音楽業界という船に長く乗せていただいている私に今見える光景はそんなところです。

あとがき

どんなことでも訊いてください。タブーはないからね……。

こんな富澤一誠さんの一声で本書のためのインタビュー取材がスタートしたのは、昨年（二〇一九年）の初夏のことでした。

そして今春、その頃には夢想だにしなかった新型コロナウイルスの感染拡大という未曾有の災厄が出来し、現在にいたるも収束の見通しは立っていません。

しかし、日頃から「ピンチはチャンス！」を金科玉条にしている富澤さんは、近年の音楽産業を支えてきたライブエンターテインメントが壊滅的な状況に陥っているいまが、まさに音楽業界の構造的欠陥を是正するチャンスと捉えています。

アフターコロナの社会では従来の産業構造やビジネスモデルが大きな転換を余儀なくされますが、そのなかで音楽業界はどのような道を歩むことになるのか。この機会に業界全体が「初心に戻る」ための道を選択すれば、音楽ビジネスはこれまでにない発展を遂げる可能性がある、と富澤さんは予測しています。

富澤さんのいう「初心に戻る」という言葉の真意は、《いい歌》が確実に人々の耳に届く仕組みをつくること、それによって人々が《いい歌》を口ずさみ、その結果として《いい歌》があたりまえのようにヒットするという健全な音楽文化の再生にほかなりません。「ダブーはない」と公言するだけあって、本書における富澤さんの発言のなかには寸鉄人を刺すような烈しさがあります。しかも、その一言隻句が凡百の音楽ジャーナリストたちによる〈業界批判〉や〈業界分析〉とは明らかに一線を画しており、そこにこそ本書の真骨頂があると私は思っています。

自身で述べているように、《Age Free Music》の旗振り役として、すでに九枚のシングルと一枚のアルバムをプロデュースしている富澤さんは、紛れもなく音楽ソフトの実作者です。その意味で、本書における発言の数々は疲弊する音楽業界で《ほんもののヒット曲＝永遠歌》を生み出そうと日々刻苦する、勇猛果敢なチャレンジャーによる決意表明でもあるのです。

本書が音楽を愛する大勢のリスナーのみなさんと業界各位の手許へ、あたりまえのように届けられることを願ってやみません。

二〇二〇年五月

辻堂真理

著者……富澤 一誠（とみさわ・いっせい）

音楽評論家。1951 年、長野県須坂市生まれ。東京大学中退。71 年、音楽雑誌への投稿を機に音楽評論活動に専念。J-POP 専門の音楽評論家として、独自の人間生きざま論を投影させ、広く評論活動を展開。
現在、レコード大賞審査委員、尚美ミュージックカレッジ専門学校客員教授、尚美学園大学副学長も務めている。著書に『「大人の歌謡曲」公式ガイドブック』『「大人のカラオケ」選曲名人』『あの頃、この歌、甦る最強伝説』（言視舎）『あの素晴しい曲をもう一度』（新潮新書）『ユーミン・陽水からみゆきまで』（廣済堂新書）『フォーク名曲事典 300 曲』『J-POP 名曲事典 300 曲』『Age Free Music・大人の音楽』（共にヤマハミュージックメディア）等多数。【Age Free Music!】（FM NACK5）【AgeFree Music ～大人の音楽】（JFN 系全国 FM34 局ネット）【昭和ちゃんねる・富澤一誠の青春のバイブル】(USEN I-51)【イマウタ】(BS 日テレ) などのパーソナリティー＆コメンテーターとしても活躍中。
【オフィシャルサイト】http://tomisawaissei.blog72.fc2.com/

著者……辻堂真理（つじどう・まさとし）

1961 年東京生まれ。ノンフィクション作家。映画助監督、映画業界紙記者を経て放送作家。『そこが知りたい』『NONFIX』『ザ・ワイド』『スッキリ』など、150 本以上のテレビ番組に携わる。埋もれた人物の発掘と、各界著名人の知られざるドラマの発見をテーマに取材を続けている。著書に『コックリさんの父　中岡俊哉のオカルト人生』（新潮社）『麻布十番 街角物語』（言視舎）がある。

DTP組版…………勝澤節子
装丁…………長久雅行
協力…………田中はるか

音楽でメシが食えるか？

富澤一誠の根源的「音楽マーケティング論」

発行日✤2020年5月31日　初版第1刷

著者

富澤一誠＋辻堂真理

発行者

杉山尚次

発行所

株式会社言視舎

東京都千代田区富士見2-2-2 〒102-0071
電話03-3234-5997　FAX 03-3234-5957
https://www.s-pn.jp/

印刷・製本

中央精版印刷㈱

ISBN978-4-86565-180-5 C0073